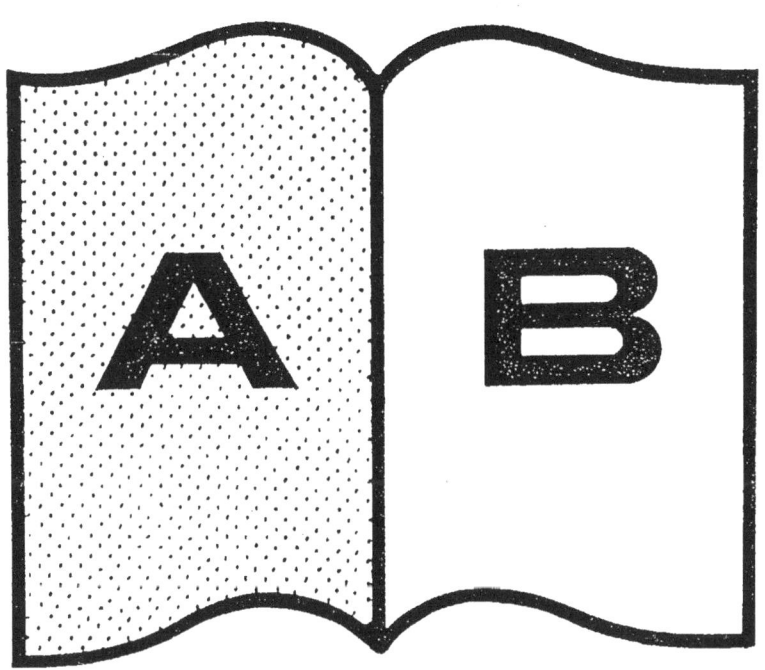

Contraste insuffisant

NF Z 43-120-14

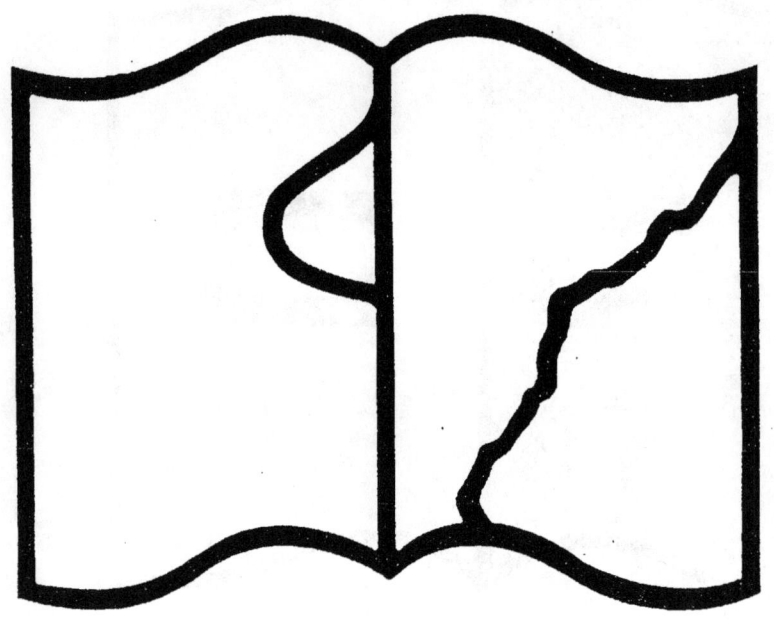

Texte détérioré — reliure défectueuse

NF Z 43-120-11

P.e
R. 2557.
C.ə.

14467-70

AME
DES BÊTES.

On trouve chez le même Libraire, les *Entretiens Philosophiques sur la Religion*, par le même Auteur, 3 vol, *in*-12. br. 6 liv.

AME
DES BÊTES.

Par feu M. l'Abé GUIDI.

A PARIS,

Chez MOUTARD, Imprimeur-Libraire de la REINE, de MADAME, & de Madame Comtesse D'ARTOIS, rue des Mathurins, Hôtel de Cluny.

M. DCC. LXXXII.

Avec Approbation & Privilége du Roi.

AVERTISSEMENT
DE L'EDITEUR.

CE petit Traité est une suite nécessaire des Entretiens métaphysiques du même Auteur: il y renvoie même dans le courant du premier Ouvrage, comme à une discussion qui ne pouvoit être traitée incidemment, & demandoit un entretien particulier pour être approfondie. On y reconnoîtra aisément la même force de raisonnement de la part de l'Ecrivain, & sur-tout ces graces naturelles de style, & ce sentiment exquis avec lequel il savoit embellir les matieres les plus arides. Quoique le cartésianisme ait passé de mode, & soit relégué dans l'obscurité de quelques Ecoles, on peut assurer hardiment que ce sujet est traité avec un intérêt qui se soutient dans tout l'Ouvrage, & que les preuves pour & contre l'Ame des Bêtes, sont présentées avec la même impartialité. Cette grande question, dont Dieu s'est réservé le secret, appartient de droit à un Siecle, nommé par excellence le Siecle de la Philosophie; & si les raisonnemens que fait M. l'Abbé Guidi en faveur de son systême, n'entraînent pas la conviction, au moins sont-ils assez pressans pour suspendre le jugement du Lecteur, qui seroit tenté d'ac-

AVERTISSEMENT.

corder aux Bêtes ce que *Descartes* & les plus grands Philosophes de l'Antiquité leur ont constamment refusé. La Religion & les Lettres ont trop d'obligation à M. l'Abbé Guidi, pour ne pas le faire connoître. Peu curieux d'être applaudi, pourvu qu'il fût utile, il vivoit dans une retraite qui n'étoit interrompue que par le commerce de quelques amis. On a donné, il y a quelques mois, une Notice de sa vie & de ses Ouvrages; & je vais en faire l'extrait, parce qu'elle se trouve dans un Journal que tout le monde n'est pas à portée de se procurer.

M. LOUIS GUIDI étoit né à

viij AVERTISSEMENT.

Lyon en 1710, d'une famille ancienne en Italie, qui a donné à l'Eglise plusieurs Prélats distingués par leur mérite. Son pere, après avoir obtenu des Lettres de Naturalisation, se dégoûta du séjour de Lyon, se fit recevoir Capitoul de Toulouse, & vint demeurer à Paris. Le jeune Guidi fit successivement ses études chez les PP. de l'Oratoire de *Juilli* & de Beaune. Ses succès dans les Belles-Lettres furent prodigieux. Né avec une imagination vive & féconde, une mémoire heureuse, beaucoup de goût & de jugement, le travail n'étoit pour lui qu'un amusement; & il ne connoissoit d'autre délassement que le changement d'occupation. Des

AVERTISSEMENT. ix

qualités si rares, qui ne sont ordinairement pour la jeunesse qu'une source de dépravation, furent toujours employées par M. Guidi à la gloire de la Religion & des mœurs : il étoit né, pour ainsi dire, vertueux, & ses Supérieurs le citoient à ses camarades comme un modele d'application, de candeur, de modestie, de régularité. Il eut à peine fini ses études à l'âge de seize ans, qu'il entra dans la Congrégation de l'Oratoire, & fut employé à régenter dans différens Colléges. Il remplit cette fonction avec les succès les plus brillans. Plusieurs de ses Eleves, parvenus dans la suite aux premieres places de la Magistrature, ont prouvé, par

AVERTISSEMENT.

leur conduite, les bons principes d'éducation qu'ils avoient reçus. Sa facilité incroyable pour écrire, étoit la reffource de beaucoup de fes Confreres, pour lefquels il compofoit les pieces qu'exigeoient les circonftances; & malgré la multiplicité des demandes de ce genre, on ne l'a jamais vu s'y refufer : nous pourrions citer d'autres Ouvrages beaucoup plus importans dont on lui eft redevable, & dont il laiffa tout l'honneur à ceux pour qui il les avoit compofés.

Après avoir fait pendant douze ans fon occupation principale de la Littérature, le P. Guidi, follicité par le P. de la *Valette*, alors Général de l'Oratoire, fe

AVERTISSEMENT. xj

détermina à entrer dans les Ordres. Dès lors il renonça aux Lettres profanes, pour ne plus s'occuper que de l'étude de la Religion. Poſſédant l'heureux don de toucher & de perſuader, il fit, pendant pluſieurs années, à Juilli, les Conférences de piété. Les jeunes gens qu'il inſtruiſoit, n'ont point oublié ſes Diſcours pleins d'onctions, qui les pénétroient & leur faiſoient preſque toujours répandre des larmes. On l'avoit encore chargé d'un Cours de l'Hiſtoire de France. Il étoit libre aux jeunes gens d'opter entre les leçons & la récréation; mais le P. Guidi mettoit tant d'intérêt dans ſa narration, il ſavoit rendre les événemens ſensibles, d'une façon si piquante & si animée, que c'eût été une espece de déshonneur pour un Ecolier de ne pas assister à ses leçons; & l'on n'en vit jamais un seul se dispenser de les écouter.

Après une trentaine d'années employées au service de sa Congrégation, le P. Guidi se crut en droit de demander pour retraite un logement dans la maison de Paris, rue Saint-Honoré; mais la timide politique du P. de la Valette lui fit oublier toutes les obligations qu'il avoit au P. Guidi, & il ne voulut jamais le lui accorder. Justement piqué d'un pareil refus, le P. Guidi quitta l'habit de l'Oratoire, & vint demeurer à Paris, où il

AVERTISSEMENT. xiij

employa son temps à venger, par des Ecrits, la Religion qu'il ne pouvoit plus prêcher. Il étoit, pour ainsi dire, à l'affût de tous les Livres impies, pour en faire la réfutation. Les Ecrits qu'il publia pour les combattre, sont très-nombreux, & les graces de style qui les distinguent, les faisoient rechercher même des prétendus Philosophes, entre autres, de M. de *Voltaire* lui-même, qui, quoique percé des traits de l'Auteur, ne pouvoit s'empêcher de faire l'éloge de ses talens. Le feu Pape Ganganelli avoit lu la réfutation du *Militaire Philosophe*, & avoit bien voulu en témoigner de la satisfaction à un des neveux de M. l'Abbé Guidi, qui lui avoit présenté cet Ouvrage. *Questo Libro è veramente prezioso*, dit ce Pontife si éclairé & si respectable.

Le plus important des Ouvrages de l'Abbé Guidi, est intitulé, *Entretiens Métaphysiques sur la Religion*, en trois volumes *in*-12 [*]. En général on est enchanté de cette lecture ; mais il y a des morceaux de la plus grande beauté, & qui couloient de sa plume naturellement & sans effort : on n'a presque jamais vu de rature dans ses manuscrits ; & l'on pourroit citer en preuve un Ouvrage de l'Abbé Guidi, en faveur de la Tolérance, qui eut le succès le plus marqué, & ne

---

[*] Chez Moutard, Hôtel de Cluni, rue des Mathurins.

AVERTISSEMENT.

lui couta d'autre travail que celui de l'écrire.

Tous ceux qui ont vécu avec M. l'Abbé Guidi, conviennent qu'il n'étoit guere poffible d'avoir plus de candeur, de modeftie & d'humilité avec de fi rares talens. Quelque oppofé qu'il fe trouvât de goût ou de façon de penfer avec les perfonnes qu'il étoit obligé de voir, il confervoit toujours une paix & une douceur inaltérables : il ne connoiffoit d'autres armes que celles de la Religion, de la raifon, & quelquefois d'une plaifanterie innocente & pleine de nobleffe. Toujours prêt à reconnoître qu'il s'étoit trompé, il prenoit des leçons de personnes qui en auroient volontiers reçu de lui : lui seul ne se doutoit pas de son mérite. Il a été enlevé aux Lettres & à la Religion le 7 Janvier 1780.

Multis ille quidem flebilis occidit,
 Nulli flebilior quàm mihi......

AME DES BÊTES.

JE me savois bon gré, mon cher Mentor, d'avoir engagé le Marquis dans une question aussi délicate que celle de l'*Ame des Bêtes*. Nos amis la regardent, avec raison, comme une de leurs grandes ressources pour faire naître des doutes & former des contrastes entre les bêtes & les hommes, souvent au désavantage des derniers. Pressé par les raisonnemens du Marquis sur l'immortalité, je saisis avec empressement ce moyen d'échapper, & ne négligeai rien pour le faire valoir. Dès le matin je me

A

rendis dans le cabinet de Villemont, que je trouvai déjà fort occupé sur ce sujet avec Baile & Montagne; leur lecture avoit remonté son imagination; & le trouvant tout prêt à me seconder: M. le Chevalier, lui dis-je, le Marquis triomphe; mais nous avons aujourd'hui le plus beau champ du monde pour prendre notre revanche: il n'a pas craint d'accepter notre défi sur un sujet qui, de quelque côté qu'on l'envisage, est propre à le déconcerter. De deux choses l'une, ou les bêtes ont une ame, ou elles n'en ont pas: nous pouvons soutenir, vous le premier de ces sentimens, & moi l'autre; & cependant conclure l'un & l'autre contre notre immortalité: Vous, en admettant une ame raisonnable dans les bêtes pour leur donner droit à toutes les prérogatives des hommes, ce que le Marquis ne peut vous accorder sans se jeter dans un nouveau labyrinthe de difficultés; & moi je pourrai, par les seuls ressorts de la mécanique, expliquer les opérations des bêtes, & faire sentir en même temps que celles des hommes peuvent recevoir la même explication : par-là nous mettrons toujours les hommes & les bêtes au même niveau.

J'y consens, me dit Villemont; mais vous connoissez les Dames, elles ont une imagination tendre & délicate : la Comtesse, vous le verrez, rejettera ces deux sentimens, & se déclarera pour celui d'une ame sensible & périssable avec le corps. Je le prévois, lui dis-je. En ce cas, j'embrasserai ce système d'autant plus volontiers, qu'il me conduit plus facilement à mon but : une ame sensible & mortelle qui suffit dans les bêtes pour leurs mouvemens, peut suffire dans les hommes pour leurs opérations. Par-là j'aurai l'avantage, en allant plus sûrement à mon but, de ménager encore le préjugé que révolte le pur cartésianisme.

D'accord sur le plan que nous suivrions, nous travaillâmes pendant la matinée à le remplir, en recueillant diverses idées propres à former, par leur union, un corps de système. Le dîner se passa fort bien. L'air de réflexion que nous portâmes à table, n'empêcha pas notre appétit de s'exercer sur le gibier dont elle étoit couverte. La Comtesse s'en étant apperçue : MM. les Philosophes, dit-elle en riant, vous n'êtes pas gens sans doute à donner des ames aux cailles, aux perdrix ; la maniere dont vous les traitez fait bien voir ce que vous en pensez. Pourquoi, Madame, lui dit Villemont? nous suivons l'ordre établi dans la Nature. Le Créateur abandonne les plus foibles aux plus forts. Les gros poissons mangent les petits, les oiseaux vivent de vers & de mouches, & nous, nous vivons des oiseaux. Comme Villemont parloit encore, Scipion (*le Negre de la Comtesse*) vint à marcher par hasard sur la patte de sa chienne : celle-ci jette à l'instant un cri ; sa maîtresse en fit autant. Sa colere alloit éclater, lorsque me tournant vers elle : Eh quoi ! Madame, lui dis-je, pour une vile machine inanimée, vous vous emporteriez contre une créature raisonnable, que son ame...... Comment, reprit-elle avec promptitude, ma chienne une machine inanimée ? est-ce qu'elle n'est pas vivante ? Madame, lui dis-je, vivre & mourir ne se disent qu'improprement des arbres, des plantes, des animaux ; vivre, c'est avoir une ame, & la mort n'est autre chose que la séparation de l'ame & du corps ; sans quoi l'on pourroit dire, dans le même sens que des animaux, que ma montre est vivante quand elle va, & qu'elle est morte quand elle n'est pas montée. Je vois bien M. le Président, reprit la Comtesse, que vous badinez. Moi j'aime ma chienne, j'en suis aimée : je crois qu'elle sent de la douleur quand on la frappe ; & c'est me chagriner que de la faire souffrir.

S'appercevant alors que le Marquis la regardoit d'un air de pitié : Cher oncle, dit-elle, vous paroissez me plaindre & me regarder comme dans l'aveuglément. Sur ce point, Madame, lui dit le Marquis, une erreur en ce cas seroit bien pardonnable; c'est une question bien épineuse que celle des bêtes; plus on y pense, & plus on s'y perd : les animaux sont sans doute de ces ouvrages sur lesquels le Créateur a mis son sceau, pour s'en réserver le secret à lui seul. On ne peut donc avancer sur un tel sujet que des hypothèses, dont la plus vraisemblable mérite la préférence ; mais je pense que parmi ces nombreux systêmes que les imaginations des hommes ont enfantés là-dessus, on ne doit faire aucune attention à ceux qui vont à favoriser les bêtes aux dépens des hommes, à confondre les uns avec les autres.

C'étoit-là le moment pour nous de rompre le silence ; aussi Villemont, prenant la parole : Monsieur, dit-il, j'ai peine à vous passer cette derniere réflexion. Ne seroit-elle pas l'effet d'un ancien préjugé, ou le fruit de notre orgueil ? La distance prodigieuse que nous supposons entre les bêtes & nous, est-elle aussi réelle que notre amour-propre voudroit nous le persuader ? On remarque bien quelque différence entre les bêtes & les hommes ; mais les traits de ressemblance entre eux ne sont-ils pas en plus grand nombre, & plus sensibles ? A ne juger de Badine & de Scipion que sur les apparences, ne seroit-on pas tenté de croire que leur différence ne vient que de la différente disposition de leurs organes ; en sorte que si l'on pouvoit faire entre eux un échange des principes d'être qui les animent, leurs opérations seroient les mêmes ; & donnant une ame à l'un, pourquoi n'en pas supposer une dans l'autre ? Une ame dans les bêtes ! s'écria la Comtesse : Messieurs, M. le Chevalier paroît aimer les opinions étranges : qu'elles soient contradictoires ou non, n'importe, pourvu qu'elles soient singulieres. Dans notre premiere conversation, Monsieur soutenoit que les hommes n'ont point d'ames, qu'ils ne sont que matiere, que la matiere peut penser ; il prétend aujourd'hui que les bêtes ont des ames, & pensent ainsi que les hommes......... Courage, Monsieur, continuez de défendre la cause de Badine ; elle me paroît être en bonnes mains.

Piqué de cette ironie, Madame, lui répliqua Villemont, si la contradiction que vous appercevez est sensible, elle pourroit m'être favorable : je ne puis être vaincu sur le dernier point, sans être en droit de revenir sur le premier. Car enfin, pourrai-je dire, si les bêtes n'ont point d'ames, & qu'elles paroissent en avoir, n'en seroit-il pas de même des hommes ? ainsi je cours peu de risques en suivant mon idée. Voyez,

Monsieur, dit-il au Marquis, si mon hypothese sur l'ame des bêtes est la moins vraisemblable ; mais on n'en peut juger qu'après m'avoir permis de la développer toute entiere.

L'Être infini possede seul la plénitude de la vie. En formant l'Univers, il en anima les parties par des semences de vie qu'il répandit dans tous les êtres. Tout ce qui vit dans la Nature, ne reçoit de vie que de Dieu. La source est la même, & les ruisseaux qui s'en écoulent ne different entre eux que par leur plus ou moins grande abondance. Les diverses destinations des êtres demandoient de la diversité dans leur partage ; aussi le Créateur, pour ménager leur concours au bien général, proportionne, par son souffle divin, la mesure de vie qu'il communique aux besoins que les êtres en ont pour arriver à leur fin ; mais depuis le ver de terre jusqu'au plus parfait des Anges, on pourroit remonter par des degrés sans nombre,, qui font, en rempliſſant ce prodigieux intervalle, le même effet que les nuances dans la peinture : le point où l'obſcur ceſſe & le clair commence, eſt imperceptible. Les germes de vie ſont donc les mêmes dans les créatures animées ; mais quoique des ſemences ſe reſſemblent, leur fécondité cependant dépend des diſpoſitions des terres qui ſont différentes. Les corps des animaux ſont ces différentes terres. L'arrangement de leurs parties, la délicateſſe ou la groſſiéreté de leurs organes, ſont propres à faciliter ou à ralentir l'activité de ce principe vivifiant caché dans leur ſein. L'Univers eſt comme un grand jeu d'orgues : le vent eſt habilement diſtribué dans les tuyaux grands & petits ; c'eſt le même vent dans tous ; mais les tuyaux ſont différens : auſſi, quelle diverſité dans les ſons ! & de cette variété de ſons réſulte, en fait d'harmonie, un tout qui enchante & ravit d'admiration.

Ce principe eſt comme une clef qui

m'ouvre le sanctuaire de la Nature : du fond de ce sanctuaire part un souffle fécond, qui porte la vie dans les êtres disposés à la recevoir, & qui la modifie selon leurs dispositions ; en sorte que la même portion de vie qui fait nager le poisson, feroit voler l'oiseau, courir le chien, gambader le singe, marcher l'homme, & ramper le vermisseau : la différente structure des corps cause des mouvemens différens.......... Vous m'attendez, je le vois bien, à l'explication des phénomènes de l'intelligence. Je ne désavouerai point ici mon embarras ; mais si j'avois les mêmes connoissances de l'Anatomie que le Créateur ; si j'étois en état de faire de tous les organes possibles toutes les analyses dont ils sont susceptibles ; si j'avois approfondi tous les effets que peuvent produire les mélanges infiniment variés de la bile avec le sang, les phlegmes avec les sels, des acides & des alkalis : je pourrois sans doute vous expliquer comment la même étincelle de vie qui est un principe d'induſtrie dans l'abeille, de fidélité dans le chien, de prudence dans la fourmi, auroit pu devenir la ſource, dans Demoſthene, d'une éloquence paſſionnée, & dans Buffon, de mille ſubtils raiſonnemens, mais au deſſous de ces connoiſſances qui n'appartiennent qu'à l'Intellect infini : la Nature ne paroît-elle pas ſuppléer par les images ſenſibles qu'elle nous préſente ? Pourquoi des rapports ſi marqués entre les opérations des hommes & celles des bêtes ? & ne remarquons-nous pas que ces rapports ſont d'autant plus fideles, que la conformité entre les organes eſt plus parfaite, & que la différence au contraire de ceux-ci, plus ou moins grande, en entraîne plus ou moins dans les autres ? Je conviens qu'on pourroit ſuſpendre ſon jugement, ſi les traits de reſſemblance entre l'homme & la bête n'étoient qu'en petit nombre ; mais en quoi n'en remarque-t-on pas ? Même paſsion dans l'un & l'autre; même industrie, même apparence de crainte, de joie, de douleur, de désir, de raisonnement. En quoi sur-tout admire-t-on l'industrie & la raison des hommes ? dans les édifices qu'ils construisent pour se garantir des injures de l'air ; dans la symétrie, dont ils observent les regles ; dans les tissus de laine & de soie, dont ils se forment des vêtemens ; dans les remedes qu'ils se procurent, s'ils sont malades ; dans les précautions qu'ils prennent en santé, pour ne pas le devenir ; dans la justesse de leurs mesures, qu'ils doivent à la Géométrie......... On conclut de tout cela, que les hommes ont de l'intelligence ; d'accord : mais, où je vois les mêmes effets, ne puis-je pas supposer la même cause, sur-tout quand elle est invisible, de l'aveu de tout le monde ? Or, en fait de Géométrie, quelle marque de connoissance ne donnent pas les grues ? Ces oiseaux, pour passer dans des climats plus chauds, veulent-ils faire le trajet des mers? avec quelle justesse ils forment, en s'unissant, un triangle équilatéral, dont le sommet fend l'air, & la base est poussée par les vents! de plus, ne trouve-t-on pas des républiques de géometres dans les abeilles, d'architectes dans les hirondelles, de maçons dans les castors, d'économes intelligens dans les fourmis? L'art d'ourdir la toile, c'est à l'araignée qu'on le doit; dans celui de tendre un piége, quel plus grand maître que le renard? En fait de logique, en est-il une plus exacte que celle des abeilles? Un limaçon se glisse dans leur ruche; l'en chasser, disent-elles, cela n'est pas possible; l'y laisser, il nous infectera. Comment faire? Il faut l'embaumer & le couvrir d'un mastic qui nous garantisse de tout inconvénient. Peut-on mieux raisonner? Quelle physique dans ce chien, qui, pressé par la soif, & ne pouvant atteindre à de l'eau trop basse dans une cruche, la remplit de pierres, jufqu'à ce que l'eau fût à fa portée. Tout s'eft fait pour moi, dit l'homme : mais c'eft peut-être auffi ce que dit le canard dans la baffe-cour. C'eft pour moi que le foleil répand fa lumiere, que la terre eft féconde, & même que l'homme eft formé.

> Voyez à me fervir combien l'homme s'empreffe !
> Dit ce vil animal qu'avec foin l'on engraiffe.

Mais les hommes, direz-vous, forment de grandes entreprifes, qui font conçues avec habileté, conduites avec politique, foutenues avec conftance, exercées avec adreffe : & quoi de plus commun parmi les animaux ? D'une foule de traits que je pourrois citer, je n'en choifis qu'un, que le Cardinal de Polignac a embelli de toutes les couleurs de la Poéfie dans fon Anti-Lucrece. Le plaifir que j'eus en le lifant, me détermina à en effayer la traduction en vers françois. Je crois que je pourrai me les rappeler ; &, quoiqu'inférieurs en tout aux originaux, je les citerai plus volontiers en faveur du Maître.

Un jour un gros Milan, grand chasseur, vrai corsaire,
Las de faire la guerre aux timides oiseaux,
Résolut, en bravant un plus digne adversaire,
De s'illustrer par des exploits nouveaux.
Il voit un Aigle ; il vole, il l'attaque, il l'agace,
Tantôt à coup de bec & tantôt par ses cris.
D'un si foible rival, la téméraire audace
Ne s'attire d'abord qu'un regard de mépris.
Il revient à la charge, il arrache une plume,
L'emporte en triomphant, & tranche du vainqueur :
Alors du Roi des airs la colere s'allume ;
Il fond sur le Milan, le saisit. Sa fureur
Veut sa mort ; mais il craint qu'un sang vil ne le souille.
Que fait-il ? s'en railler est plus d'un Souverain ;
De ses plumes il le dépouille,
Et nu sur un rocher le jette avec dédain.
Honteux, transi de froid, sans force, sans défense,
Que deviendra l'infortuné Milan ?
Mourir ? non, c'est foiblesse : il pense à la vengeance.

Quel vain projet ! n'importe ; il en forme le
    plan.
  Le souvenir de la cruelle injure
    Fortifie un espoir si doux.
De quelques vers qu'il trouve, il fait sa nour-
    riture,
Et sent avec sa force augmenter son courroux.
Des plumes, le temps seul peut réparer la perte ;
  Il les attend, & n'attend pas en vain.
Peut-il voler ? il vole,.... & fait la découverte
D'un moyen qui pouvoit le conduire à sa fin.
Il voit de vieux débris, restes d'un pont antique
Ruiné par les ans & miné par les eaux.
Au milieu s'offre un trou, que l'oiseau politique
Choisit pour se venger & tendre ses panneaux.
Ruse ou force, qu'importe ; il s'approche &
    mesure
    Son corps à la grandeur du trou.
Il remarque qu'il peut passer par l'ouverture.
Il s'essaye, & d'abord passe en baissant le cou.
Il sort, rentre, revient, passe encor ; bagatelle :
    Il recommence, & réussit au mieux ;
Puis passe en voltigeant, & puis à tire d'aile :
La passion le rend constant, industrieux.
Sûr du succès, il prend l'essor le plus rapide ;
Cherche, trouve, & bientôt affronte son vain-
    queur.
Nouveau crime : indigné de son air intrépide,

L'Aigle va, par son sang, punir sa folle ardeur :
Il prend son vol & part.... Déjà d'un vol agile
L'ingénieux Milan fend les plaines de l'air ;
 Il fuit & gagne son asile.
L'Aigle craint qu'il n'échappe ; & plus prompt qu'un éclair,
Par le même chemin fend & se précipite :
Il entre ; mais serré dans ce passage étroit ;
En vain pour avancer ou sortir il s'excite :
Il reste là captif. Le Milan reparoît ;
 Dans son ardeur brille la joie.
Pour goûter sa vengeance, il la prend lentement ;
Il arrache à son tour les plumes de sa proie,
 Et se retire en l'insultant.

La Comtesse parut fort contente de ces vers, & pria le Chevalier de lui en donner une copie. Il m'en a remis une, que je transcris pour vous, sans croire cependant vous faire un grand cadeau.

Or, dans cette entreprise, reprit Villemont, quelle variété de vûes ! quel enchaînement de réflexions ! quel tissu de raisonnemens !

Je conviendrai cependant qu'on remarque des différences entre les hommes & les animaux, à l'avantage des premiers; mais n'en remarque-t-on pas encore à leur désavantage? De plus, ces différences ne viennent-elles pas uniquement de la diversité de leurs corps? Pourquoi cette eau, qui forme ici cette belle cascade, va-t-elle en tombant, tandis que cette autre, qui jaillit dans le bassin, monte & s'élève? Sont-ce des eaux différentes? Non, cela ne vient que de la différente configuration des canaux. Les corps des hommes sont plus parfaits, & leurs organes plus déliés; aussi les fonctions de leurs ames ont-elles plus de liberté, & leurs ressorts plus de jeu. Ce même feu qui dans le bois mort est sans flamme, sans activité dans le bois humide, sans chaleur dans du liége ou des feuilles; transportez-le dans un bois sec, comme il échauffe! dans du sarment, comme il pétille! dans de l'esprit-de-vin, comme il s'enflamme! dans de la poudre & du salpêtre, quel bruit! quel fracas! Cette comparaison ne marque-t-elle pas bien les différences de l'huître au brochet, du brochet au singe, du singe au Villageois, du Villageois grossier au brillant Académicien, & de celui-ci à l'impétueux Conquérant ? Je vais plus loin : si la prééminence des hommes sur les bêtes est caractérisée par des traits bien vifs, c'est par ceux de la vertu. Or, n'appartient-il qu'aux hommes d'aimer la justice, de rechercher la gloire, d'être complaisans, généreux, reconnoissans ? Quel zele pour la gloire dans cet éléphant, qui, placé d'abord à la tête des autres, & mis ensuite au dernier rang, devint triste, malade, & mourut de chagrin ! Quelle connoissance de la justice dans cet autre à qui son Gouverneur déroboit chaque jour la moitié de la nourriture qui lui étoit due ! le Maître vient : que fait l'éléphant ? Il partage, avec sa trompe, la mesure d'orge qu'on lui présente ; &, par un regard de colere lancé sur le Gouverneur, fait sentir au Maître, avec un frémissement d'indignation, le tort qu'on lui faisoit (N'est-ce pas là crier *au voleur! au voleur !*). Pour la compassion, la plupart des Naturalistes rapportent que les cicognes, les aigles, les hérons prennent soin de leurs peres dans la vieillesse, qu'ils les réchauffent & les nourrissent. Quelle fidélité dans ces chiens, dans ces dauphins, qui, voyant leur Maître sans vie, ont mieux aimé mourir à ses pieds que de lui survivre! Quelle générosité dans cet éléphant, qui, voyant un de ses camarades dans une fosse profonde, en assemble plusieurs, &, par leur secours, jette dans l'abîme assez de branches & de pierres pour aider l'autre à s'en tirer! Enfin, personne n'ignore, en fait de reconnoissance, un fait qui paroît bien avéré, celui d'un lion qui reconnut, dans un Esclave Chrétien qu'on lui présentoit à dévorer, un bienfaiteur, un ami, qui lui avoit autrefois tiré une épine de la patte, & aux pieds duquel il se prosterna pour les lécher. De tels exemples, qui font admirer une ame dans les hommes, ne prouveront-ils rien dans les bêtes ? Pour moi, je l'avoue, où je remarque les traits de la raison, je suis tenté d'en admettre le principe. La conformité de tel homme à tel autre paroît souvent moindre que de telle bête à tel homme. Pourquoi donc ne pas fonder la raison de leur différence sur la variété de leurs organes? L'hypothese du moins n'a rien d'absurde. Le Créateur n'a-t-il pas pu joindre aussi facilement une intelligence au corps d'un cheval, qu'à celui de Platon? A la possibilité du système, se joint la présomption. Si ces apparences suffisent pour décider, c'est pour mon opinion qu'elles sont décisives. Me voilà donc en droit de conclure que si l'on doit donner le nom d'*Ame* à cet agent invisible qui met l'homme en mouvement, on peut aussi le donner à ce moteur secret qui anime les bêtes, & que les uns & les autres ont un égal droit au privilége de l'immortalité.

Pendant que Villemont parloit, la Comtesse marquoit beaucoup d'attention, & le Marquis très-peu. Je prenois celle de la Comtesse pour un gage d'approbation qu'elle donnoit d'avance. Point du tout. Après quelques éclats de rire : Un moment, dit-elle, M. de Villemont ; vous avez manqué votre vocation : je ne crois pas que jamais personne, à la foire Saint-Germain, ait montré plus de talent pour amuser par un pompeux galimatias. Des principes de vie, des ruisseaux de vie, des écoulemens de l'Être infini, des germes féconds, soufflés dans les êtres, des semences de vie dans le sanctuaire de la Nature !...... Où donc, s'il vous plaît, avez-vous pris une philosophie aussi lumineuse ? A tout cela vous ajoutez des histoires fort amusantes, mais au moins apochryphes, des comparaisons ingénieuses, mais qui ne prouvent rien. Il me paroît que vous avez bien de l'obligation à M. le Président.

A moi, Madame? lui dis-je sur le champ; c'est plutôt à M. le Chevalier que vous en avez beaucoup : s'il a si bien plaidé la cause de *Badine*, c'est sans doute pour faire sa cour à la Maîtresse.

La Comtesse. C'est fort mal me la faire, Monsieur, que de chercher tant de ressemblance entre ma chienne & moi : je m'estime trop, & ma chienne trop peu, pour être flattée de la conformité, ou même pour ne pas être blessée de la comparaison. Madame, je n'ai pas prétendu la faire, reprit Villemont : au reste, ce n'est pas le personnage de Courtisan qu'il s'agit de faire ici, mais celui de Philosophe; & je ne crois pas Montagne méprisable pour avoir douté, quand il badinoit avec sa chatte, si c'étoit lui qui se jouoit de sa chatte, ou sa chatte de lui.

Pour moi, Monsieur, répliqua la Comtesse,

Comtesse, je ne pousse pas si loin l'indulgence. Un pareil doute, s'il étoit sérieux, me donneroit de Montagne une très-mauvaise idée. Comment mettre l'Homme & la Bête dans la même balance, & la trouver en équilibre ? c'est, ce me semble, réfuter une telle opinion que de l'exposer.

Quelquefois, Madame, reprit Villemont, la prévention nous séduit. Il n'est pas de plus grand ennemi de la raison que le préjugé, ni de plus sûr guide de la vérité que le raisonnement.

Oui, Monsieur, répliqua la Comtesse d'un air un peu piqué. Mais faut-il tant raisonner pour réfuter votre système ? Ai-je besoin, pour cela, de recourir aux sublimités d'une métaphysique abstraite ? Non : ces mysteres me passent, & je m'en tiens au témoignage de mes sens. Voici ce que j'ai vu. M. le Président étoit ici l'année derniere. Il prit un ver de terre, long d'environ un demi-pied ; après l'avoir coupé en deux, il

B

mit la partie de la tête dans un vase plein de terre, où elle s'enfonça & vécut vingt-un jours; & dans un autre vase le côté de la queue, qui resta exposée à l'air saine & vive durant quatre-vingt-douze jours; & ne mourut encore qu'après une maladie de huit jours. C'est un fait, Madame, lui dis-je, dont on ne peut douter. Hé bien, Monsieur le Chevalier, reprit-elle, dites-moi, je vous prie, dans laquelle de ces deux parties placez-vous l'ame de ce ver?.... Vous balancez. Eh! que répondriez-vous donc à mille autres expériences dont on m'a parlé, & qu'ont faites MM. de Beaumont & du Tremblay? Ils ont coupé des polypes en douze tronçons, dont chacun étoit vivant, & devenoit un polype parfait : direz-vous que chacun recevoit un douzieme de l'ame commune au tout? En ce cas, les ames des Bêtes ne sont donc pas, comme les nôtres, indivisibles? Direz-vous que la premiere ame reste à l'une des parties, & que Dieu en crée onze pour les autres ? Mais quel garant m'en donnerez-vous. Sa puiſſance, Madame, lui dit Villemont : Mais, Monſieur, reprit la Comteſſe, ce n'eſt pas le moyen de convaincre, que de ne raiſonner jamais que ſur des peut-être. La puiſſance divine, c'eſt de tous les reſſorts le premier, j'en conviens, pour le ſuccès dans l'exécution ; mais c'eſt le dernier, ce me ſemble, à mettre en mouvement dans la Philoſophie ; & je ne vois pas que, pour rendre compte des mouvemens d'un inſecte, on ſoit forcé de lui donner une ame libre, immortelle, ſemblable à celle des hommes. Pourquoi multiplier à l'infini des créations qui ſont inutiles ? De plus, une ame telle que la nôtre, dans un moucheron, me paroîtroit figurer aſſez mal. Elle connoîtroit donc le bien & le mal, le vice & la vertu ? & pourroit-on, ſans injuſtice, l'exclure d'une éternelle vie, où l'y admettre ſans répu-

B ij

gnance ? Votre système, Monsieur, ne gagneroit pas beaucoup à être approfondi. Chaque nouvelle réflexion y découvre un nouvel inconvénient. Comme la Comtesse me paroissoit ne pas ménager Villemont, & que celui-ci n'étoit occupé que de sa difficulté, j'essayai de faire diversion par une ironie, que j'adressai à la Comtesse. Madame, lui dis-je, vous avez bien raison : l'opinion de M. le Chevalier n'est pas soutenable. Non, Madame, les animaux n'ont point d'ame ; ils ne raisonnent pas plus que mon corps qui n'est assurément qu'une machine. Cette chienne, que vous voyez sur les genoux de Madame, n'est qu'un automate insensible, qui n'a ni raison, ni connoissance, ni réflexion. Elle a des yeux, mais sans voir ; elle a des oreilles ; mais sans entendre ; elle se meut au moindre signe de sa Maîtresse, sans discernement ; elle en exécute les ordres sans les connoître ; elle caresse sans aimer ; elle fuit le bâton, sans le craindre ; on peut la frapper, mais sans lui faire aucune douleur ; elle gémiroit sans souffrir ; elle suit sa Maîtresse, & n'a de la fidélité que les apparences.

Cette raillerie produisit tout l'effet que j'en attendois ; le dépit de la Comtesse paroissoit dans ses yeux. Je le vois bien, M. le Président, dit-elle, c'est pure malice dans vous ; mais je n'en serai pas la dupe. Comment, Madame, lui dis-je, vous n'êtes pas de mon avis ? Quoi donc, si l'on soutient que les Bêtes ont des ames, vous vous retirez ! si l'on prétend qu'elles n'en ont pas, nouvelles plaintes ! c'est cependant l'un ou l'autre. Ni l'un ni l'autre, Monsieur, reprit-elle : ce sont deux opinions qui révoltent également ; l'une, en érigeant les Bêtes en créatures raisonnables ; & l'autre, en en faisant de pures machines. Mais, Madame, que prétendez-vous donc en faire ? Moi ! je ne sais, dit-elle d'un air embarrassé. Ne pourroit-on pas trouver un milieu ? Pourquoi ne pas admettre

B iij

dans les Bêtes un agent caché, qui ne feroit ni corps ni esprit ; une espece d'ame sensible, sans être intelligente, qui pourroit connoître, mais non pas raisonner, qui n'auroit ni l'étendue de la matiere, ni l'immortalité des ames ? Mais qui pourroit...... Que sais-je si Dieu ne peut pas faire quelque substance qui ne soit ni esprit ni machine ?

Cette idée de la Comtesse réveilla le Marquis, tout absorbé jusqu'alors dans ses réflexions. Il parut sortir d'une profonde rêverie, & sur le point de prendre la parole ; mais, sans lui en donner le temps : Madame, dis-je à la Comtesse, votre idée ouvre devant nous une nouvelle carriere dans laquelle j'entrerai volontiers. Il me semble que le premier coup-d'œil y découvre des avantages qu'il seroit facile de développer ; & si M. le Marquis veut m'en permettre l'essai, je me flatte qu'il n'en désapprouvera pas l'exécution. Le Marquis m'ayant témoigné, d'un air obli-

geant, qu'il m'écouteroit avec plaisir :
Il me paroît, dis-je alors, qu'un des caracteres de la puissance de Dieu doit se tirer de la variété de ses ouvrages. Cette variété, dans le monde matériel, va jusqu'à l'infini. Les élémens ne sont que de la matiere ; mais quelle différence entre l'air, la terre, le feu & l'eau ! quelle différence entre les plantes & les minéraux, entre les corps des Bêtes, les visages des hommes, les sons de leurs voix..... ! Ce seroit se perdre dans l'infini, que de vouloir embrasser toutes les combinaisons dont la matiere est susceptible. Elle peut, sous les doigts du Créateur, recevoir dans ses parties une infinité d'arrangemens : il semble même que la Toute-puissance ait épuisé cet infini. De ce monde matériel & sensible, transportons-nous à présent dans le monde des Intelligences. Pourquoi n'y pas admettre une variété poussée de même jusqu'à l'infini ? Ne peut-il pas y avoir entre les Esprits des

classes différentes & aussi multipliées que le peuvent-être les combinaisons des lettres de l'alphabet ? La Religion même ne semble-t-elle pas favoriser cette idée ? Ne place-t-elle pas autour du trône de Dieu, d'abord les Esprits sublimes, qui participent le plus à la Divinité; au dessous, d'autres Esprits, d'un ordre inférieur, qui diffèrent encore entre eux; & ceux enfin qui sont dans la plus grande distance de cette lumiere inaccessible qu'habite le Très-Haut, quoiqu'infiniment éloignés des premieres Intelligences, le sont cependant encore infiniment de la matiere ?

Dans cette multitude d'Intelligences, le Souverain Maître en a destiné un grand nombre pour vivre dégagées de la matiere, & d'autres pour lui être unies. Les premieres, qui n'en ont que plus d'activité, & qui nous sont fort inconnues, sont peut-être préposées par le grand Roi pour gouverner ces vastes spheres qui roulent sur nos têtes; &

celles-là sans doute sont immortelles. Mais si du haut de ces spheres, nous descendons sur le petit globe que nous habitons, nous y trouvons que les Intelligences des dernieres classes y sont semées avec profusion, mais toutes unies si étroitement à des corps, que le point d'union est invisible. Leur dépendance des sens les matérialise en quelque sorte, & la différente configuration des organes fait toute la différence de leurs opérations.

Or, pour suivre l'ouverture que Madame nous a donnée, pourquoi ne pas admettre dans les Bêtes une de ces Intelligences du dernier ordre, substance sans parties, & qui seroit le principe de leurs mouvemens, ame sensitive, mais mortelle, qui connoîtroit sans pouvoir raisonner, capable d'agir, mais non de délibérer, ou qui même, selon la délicatesse ou la grossiéreté des organes, pourroit recevoir des connoissances plus ou moins développées, & paroîtroit agir avec plus ou moins de choix ?

A ce principe permettez-moi d'ajouter une supposition qui ne servira qu'à éclaircir. Je suppose qu'il n'y ait qu'un seul homme sur la Terre. Cet homme ne voit dans l'Univers que de la matiere, ni dans la matiere que l'étendue de ses parties & leurs divers arrangemens ; il sent bien qu'elle peut recevoir du mouvement, mais qu'elle est incapable de s'en donner. Il marche, & en marchant il remarque que son corps est mu par un principe secret qui l'anime. En vain cherche-t-il de pénétrer jusqu'à ce principe ; plusieurs objets qui se présentent pour la premiere fois à ses yeux, donnent lieu à diverses réflexions. D'abord il apperçoit une troupe de cerfs ; il s'avance, & les poursuit. Ces timides animaux prennent la fuite & disparoissent. Eh ! dit-il, voilà de la matiere dans un grand mouvement ! il y a sans doute dans elle un principe moteur qui la détermine à s'éloigner de moi. Plus loin, nouveau sujet d'étonnement. Cet homme voit des chiens, mais qui viennent à lui, qui le careſſent avec leurs queues, & le flattent en le léchant. Ces corps, dit-il, ſont différens des premiers, mais le principe qui les-pouſſe & les agite pourroit être de même nature. Bientôt nouveau ſpectacle. Il voit des ſinges, & leur jette quelques pierres; ces ſinges en jettent à leur tour. Notre ſolitaire vient à bout d'en tuer un; il s'approche : Voilà, dit-il, un corps qui étoit en mouvement, & qui n'y eſt plus! ſes organes ſont dérangés : mais qu'eſt devenu le principe qui lui communiquoit ſon mouvement? Il ceſſe d'agir ſur lui ; ne ceſſeroit-il pas d'exiſter? En revenant là-deſſus, il continue ſon chemin, & découvre d'autres objets plus dignes de ſon attention. Il apperçoit à ſa droite un enfant qui pleure, à ſa gauche un jeune homme qui extravague; plus loin, un vieillard qui radote...... Comme j'allois continuer ce raiſonnement : Oh! pour le coup,

M. le Philosophe, dit la Comtesse, c'est ici que je vous arrête : ce n'est plus mon idée que vous développez....... Non, Madame, mais c'est une conséquence........ Très-peu juste, reprit-elle. Vous-même, vous avez distingué plusieurs ordres d'ames ou d'intelligences : placez, à la bonne heure, dans les Bêtes une ame sensitive & mortelle ; mais celle qui nous anime sera, s'il vous plaît, d'une autre classe. J'y consens, Madame, lui dis-je ; mais les singes & les chiens ne demanderoient-ils pas à être placés dans une autre classe que les ânes & les dindons ?

La Comtesse alloit répliquer, lorsque Villemont, toujours occupé de l'objection qui lui avoit fermé la bouche, se tournant vers elle : Madame, dit-il, je pourrois, ce me semble, terminer votre différend en usant de représailles. Vous avez prétendu renverser mon système par la difficulté tirée des insectes vivans dans différentes parties d'eux-mêmes ;

ne détruiroit-elle pas aussi le vôtre ? Cette ame sensitive, substance mitoyenne entre l'esprit & le corps, mais qu'apparemment vous admettez unique & indivisible dans chaque animal, comment se reproduit-elle dans douze tronçons du polype dont vous nous avez parlé ? Aurez-vous recours à de nouvelles réactions ? Y a-t-il une douzaine d'ames qui attendent les mouvemens du couteau pour se loger au gré de nos fantaisies dans les douze parties du corps de l'insecte ? Vous ne le croiriez pas, mon cher Mentor.

Cette difficulté, qui paroît frivole, nous arrêta tout court, la Comtesse & moi : nous restâmes comme immobiles, sans répliquer. Le Marquis, dont l'œil étudioit notre conférence, paroissoit jouir à son aise du plaisir de notre embarras, lorsqu'enfin, rompant le silence d'un air triomphant : Voilà donc, dit-il, Messieurs, à quoi se terminent tous vos efforts d'imagination sur la question des Bêtes, à vous regarder avec surprise, sans avoir éclairci leur état plus qu'auparavant? Vous, M. le Chevalier, vous voulez donner aux Bêtes des ames immortelles, comme celles des hommes ; vous, Madame, vous ne voulez donner aux hommes que des ames mortelles, comme celles des Bêtes : vous, Madame, vous n'admettez dans elles que des connoissances sans réflexions, & des sentimens sans liberté : pour moi, j'admire votre simplicité. Je la comparerois volontiers à celle de ces bons Suisses, qui, voyant, pour la premiere fois, danser des marionnettes, assuroient que quelque Esprit invisible étoit caché dans ces machines pour les faire mouvoir, & même en taxoient l'invention de sortilége. Comme nous le regardions avec surprise : Oui, ajouta-t-il, telle est mon idée. Le spectacle que nous donnent les animaux, n'est autre qu'un spectacle de marionnettes, & tout ce qu'on fait dans la mécanique avec les leviers, les poulies, les balanciers, les soupapes, &c. je le dis hardiment, Madame, tout cela se passe dans votre *Badine*, par le moyen des os, des nerfs, des muscles, des tendons, des valvules, &c. Ce que M. le Président me disoit tout à l'heure me paroît de tous les systêmes le plus vraisemblable.

C'étoit-là, comme vous le voyez, mon cher Mentor, lever l'étendard du Cartésianisme. La réponse de la Comtesse & la mienne étoient toutes prêtes, lorsque Villemont voulut en donner une, qui, en parlant aux yeux, fît plus d'impression. Il se leve, prend la chienne de la Comtesse, & l'ayant mise au milieu de la salle, la tête tournée de son côté : M. le Marquis, dit-il, appelons-la l'un & l'autre, & que Madame seulement lui fasse un signe....... Voyez, la voilà déjà partie. Ah ! Madame, dit-il en raillant, vous cachez apparemment dans votre main le ressort qui fait tourner & courir cette machine vers vous : Que Madame, ajouta-t-il, prenne fa canne & fa coiffe, vous verrez *Badine* fauter de joie, & de la joie paffer à la tristeffe, fi fa Maîtreffe lui ordonne de rester : en un mot, toutes les marques de fentiment & d'intelligence que l'homme peut donner, cette chienne les donne ; il ne lui manque que la parole ; & vous voulez nous perfuader, Monfieur, que ce n'eft qu'un automate infenfible ?

Cher Chevalier, lui dit le Marquis, fouffrez que je vous rappelle une excellente maxime que vous avez plus d'une fois avancée ; c'eft que la bonne Philofophie doit nous tenir en garde contre la voix des préjugés & le témoignage des fens. Vous fouvient-il d'une partie que nous fîmes, il y a quelques années, avec Madame, lorfque nous fûmes à l'Hôtel de Longueville voir l'admirable machine de M. de Vaucanfon ? Madame avoit avec elle fon Negre nouvellement débarqué. Lorfque le flatteur automate vint à jouer ces airs de rossignols & d'écho si difficiles, nous ne pûmes nous empêcher de témoigner de l'admiration. Scipion seul se moquoit de notre simplicité, assurant qu'il y avoit un homme caché qui jouoit. Il le chercha, sans le trouver, & prétendit qu'il étoit dans le corps de la machine ; il fallut l'ouvrir, pour le désabuser. Voilà ce qui se passe ici. J'admire plus que vous les opérations des Bêtes ; vous vous moquez, dites-vous ? elles ont des ames, qui, cachées dans leur sein, reglent tous leurs mouvemens : point du tout, vous dis-je, elles n'en ont pas ; ce sont de pures machines. Séduit par les apparences, vous vous obstinez à ne juger que sur leurs impressions. Il faut donc, pour vous tirer d'erreur, ouvrir le corps de la machine. Mais comme il n'a pas été nécessaire, pour que Scipion reconnût sa méprise, qu'on lui expliquât l'action de tous les soufflets, les variations du vent dans les tuyaux, les divers jeux du cylindre, les effets des balanciers, tous les mouvemens des roues; de même vous n'exigez pas fans doute que j'entre dans le détail de tous les instrumens dont la Nature fait usage pour ménager dans les Bêtes les diverses opérations dont nous sommes témoins. Si je les explique fans recourir à des ames, & que je réponde à toutes les difficultés qu'on peut faire là-dessus, fans qu'on puisse répondre à celles que je proposerai contre les autres systêmes........ Assurément, dit la Comtesse, on ne peut pas exiger davantage. Mais, cher oncle, quelle différence entre le flatteur automate & un chien ! Oui, Madame, reprit le Marquis ; mais quelle différence entre leurs Ouvriers ! & si les instrumens des hommes font des ouvrages dignes de notre admiration, aura-t-on de la peine à croire que celui qui a donné l'existence à la matiere, en puisse former une machine dont les mouvemens pour nous font incompréhenfibles ? Mais le font-ils en effet ? & fans vouloir pénétrer, pour ainfi dire, dans le laboratoire du Créateur, ne trouvons-nous pas dans nos corps la folution de prefque tous les problêmes que fourniffent les animaux ? Quelques principes font ici néceffaires : commençons par les établir ; je crois qu'on ne me les contefera pas.

Premier principe. Quoique nous foyons compofés d'un corps & d'une ame, cependant le corps feul fait dans nous un nombre prodigieux de mouvemens, auxquels l'ame ne prend aucune part. Qu'on tire fubitement un coup de piftolet, tout notre corps friffonne. Qu'un ami paffe rapidement fa main devant nos yeux, nous les fermons. Que notre pied vienne à gliffer, ou nous nous balançons pour ne pas tomber, ou, fi nous tombons, nos mains fe préfentent les premieres, notre tête fe retire ; & tout ce que l'équilibre peut ôter de violence à notre chute, nous l'employons. Tous ces mouvemens dans nous ne viennent que de la machine : la réflexion, loin de les opérer, souvent les retarde ou les dérange. Ainsi, l'action de l'ame n'est point nécessaire à la plupart des opérations du corps.

Second principe. Outre ces mouvemens extérieurs & sensibles, il s'en passe d'autres dans le corps, dont l'ame, loin d'en être la cause, n'a seulement pas connoissance; le cours du sang dans les veines, & des esprits dans les nerfs, les battemens dans le cœur, la digestion dans l'estomac, &c.; mais les plus remarquables, & sans doute les moins connus, se passent dans le cerveau. Oui, le cerveau est un prodige de mécanisme : la délicatesse de l'organisation y signale en quelque sorte l'industrie du Créateur. Son grand art consiste en ce qu'il a su ménager dans cette partie une foule d'impressions qui s'y varient & s'y modifient à l'infini ; de telle sorte, que ces variations si multipliées en occasionnent d'autres étonnantes dans les différentes pieces de la machine. Comment arrive-t-il que nos membres se plient & s'étendent, se prêtent ou se roidissent, avancent ou reculent; que la pâleur paroisse sur nos visages, le feu dans nos yeux, les ris sur nos joues, &c. ? Tous ces mouvemens extérieurs, qui sont purement naturels, sont produits par des mouvemens cachés, mais purement matériels. Ce sont les esprits animaux qui, mis en mouvement, ou par des rayons de lumieres, ou par des corpuscules échappés des corps environnans, se portent au cerveau, & de là, par une rétroaction rapide, ou dans les muscles qui se gonflent, ou dans les nerfs qui se bandent, ou dans le sang qui s'arrête ou se précipite, mettent en branle un nombre prodigieux de fibres, dont l'action produit les divers mouvemens de nos corps, dont nous ne sommes de froids admirateurs, que parce que nous les voyons tous les jours. Mais dans tout cela je ne vois qu'un mouvement progressif de corpuscules, qu'un vrai jeu de ressorts, qu'un spectacle de marionnettes; jusqu'ici point de réflexions, point d'intelligence, point d'ame. Passons au troisieme principe.

La mémoire, l'imagination, les passions, ne sont pas comme l'intelligence, indépendantes de la matiere : l'exercice de leurs fonctions est bien dans l'ame; mais l'occasion de leur exercice est dans le corps. La sagesse du Créateur a placé dans le cerveau une substance tout à la fois assez molle pour recevoir aisément des traces, & assez ferme pour les conserver long-temps. Les esprits forment ces traces. S'ils sont souvent mus par les mêmes objets, souvent les mêmes traces seront formées. Si leur émotion est violente, leurs traces seront profondes : dans tout cela, rien que de mécanique. Mais si le Créateur juge à propos de joindre une ame à cette machine, & veuille qu'à l'occasion de telles traces dans le cerveau, telle impression affecte l'ame; alors les différentes affections de l'ame dépendront, ou de la variété des objets environnant la machine, ou du cours plus ou moins impétueux des esprits, source des différentes modifications du cerveau. Un exemple ici ne sera pas inutile.

Un enfant répete long-temps sa leçon : un Prêtre dit tous les jours son Bréviaire; qu'y a-t-il dans eux de purement mécanique ? D'abord les mêmes rayons de lumiere ont communiqué les mêmes degrés de mouvement aux esprits animaux. Ces esprits se sont ouvert souvent les mêmes passages. Par l'ébranlement fréquent des mêmes fibres, ils ont profondément tracé certaines images. A l'impression de ces images, les loix du Créateur ont attaché certaines perceptions dans l'ame du Prêtre ou de l'enfant. C'est dans leur ame que va se peindre la vive empreinte des caracteres;

& la régularité des traces dans le cerveau contribue à l'exactitude de la perception dans l'ame, comme de leur confusion il ne résulte dans l'ame qu'un assemblage confus d'affections. Mais quoique de cette espece d'harmonie dans l'organe dépendent les perceptions de l'ame, il ne faut pas croire que son action soit nécessaire pour la continuation du mouvement dans la machine. Indépendamment de l'ame, le retour des esprits animaux, & leur distribution, se fera dans les membres par les mêmes canaux. Même mouvement dans les poumons, dans la trachée artere, sur les fibres des levres, dans les muscles de la langue; même vibration dans l'air; même inflexion dans la voix: aussi voit-on le Prêtre & l'enfant, sans aucune attention de la part de leur ame, continuer l'un son Bréviaire & l'autre sa leçon : bien plus, leur mémoire sera d'autant plus sûre, que l'ame s'en mêlera moins. La premiere réflexion

réflexion peut les dérouter. Un nouvel objet, donnant une détermination nouvelle aux esprits, les dérange dans leur cours, suspend les mouvemens dans la machine, ou bien en produit de différens.

Il est aisé de concevoir par-là, que la mémoire dans les animaux n'est qu'un jeu de mécanisme. Au fond de leurs oreilles est tendue une membrane d'un tissu délicat, où répondent certains nerfs qui aboutissent au cerveau. Que l'air soit agité par un grand bruit, il entre dans l'oreille ; la membrane est poussée, les nerfs sont ébranlés, & les esprits portés dans le cerveau qui reçoit des impressions. Que le bruit soit répété, les traces y seront plus profondes. Mais si le Créateur a placé les tuyaux de communication du cerveau dans le gosier, & du tympan de l'oreille dans les muscles de la langue ; alors l'ébranlement de l'air reçu dans le nerf auditif, & communiqué aux fibres du cerveau, doit se continuer par mille petits rameaux dans toutes les parties propres à former la voix. Ainsi je suppose pour un moment que l'ame de Scipion soit anéantie, & que Dieu conservât son corps avec les mêmes organes, les solides dans le même état, & les liquides dans le même mouvement & le même équilibre ; si l'on frappoit souvent son oreille de ces mots, *bonjour, bonjour, mon mignon, mon mignon* : les expressions déterminées dans les mêmes routes par l'air ainsi modifié, passeroient chez lui du cerveau dans la voix ; & s'ouvrant par des impulsions réitérées, les muscles du gosier & ceux de la langue ménageroient dans ces parties disposées pour cet effet, les mouvemens propres à produire les mêmes vibrations dans l'air ; en sorte que Scipion, sans ame, répéteroit à son tour les mêmes mots, *bonjour, mon mignon*, comme il arrive, Madame, à votre perroquet ; telle est la mémoire des animaux.

L'application de ce principe est facile à l'égard de l'imagination & des passions. Je tombe dans une forêt entre les mains de quatre voleurs, qui me portent plusieurs coups : quel ébranlement violent dans ma machine ! quelle abondance d'esprits se porte en tumulte au cerveau ! aussi quel trouble confus dans l'ame qui reste dans l'inaction ! mais le mouvement de la machine ne laisse pas de continuer. Si la rapidité des esprits est excessive, les fonctions des organes s'embarrassent, je tombe en défaillance. Est-elle modérée ? la distribution des esprits dans les membres est prompte, les muscles se gonflent, les nerfs se roidissent, les yeux s'enflamment, je résiste. L'action des agresseurs permet-elle d'échapper ? les ressorts de la machine sont tellement disposés, que les esprits se précipitent par mille passages dans les cuisses & les jambes; je deviens plus léger, je cours & disparois. L'ame pour tous ces mouvemens est inutile : cela ne se passe que dans mon corps, & se passe de même dans celui d'un sanglier attaqué par quatre chasseurs. Deux jours après je repasse dans le même endroit ; quatre voyageurs viennent à ma rencontre : même émotion dans mes organes, même impétuosité dans les esprits ; & la révolution dans la machine seroit la même, si la force d'une réflexion ne venoit ralentir le choc des esprits, en faisant diversion à leurs mouvemens. Mais la réflexion manque au sanglier ; aussi le retour des mêmes circonstances occasionne le même jeu dans les ressorts de sa machine, il fuit ou se défend.

Il fuit ! s'écria Villemont. Souffrez, Monsieur, que je vous interrompe ; mais plutôt par tel chemin que par trois autres qui se présentent. Il se défend ! mais si c'est une masse aveugle, pourquoi s'élance-t-il plutôt contre un Piqueur que contre un arbre ? Ce cerf fatigué, pourquoi fait-il avec adresse en substituer un autre à sa place, & met-il par-là les chiens en défaut ? Pourquoi ce cheval, qui court à bride abattue, s'arrête-t-il tout d'un coup devant un abîme ? Le mouvement des esprits, si violent dans sa machine, ne doit-il pas continuer ? & le voilà suspendu. Ces deux loups qui s'entendent si bien, l'un pour amuser le Berger & le chien d'un côté, tandis que de l'autre son confrere se jette sur le troupeau ; assurément, si ces deux loups ne sont que des automates, Descartes & Malbranche courent grand risque de n'être rien de plus à mes yeux. Et cette perdrix qui s'expose pour sauver sa famille ; & ces abeilles qui s'entre-aident ; & ces fourmis . . . .

Cher Chevalier, lui dit le Marquis, il est inutile de multiplier en exemples les preuves d'intelligence que paroissent donner les Bêtes ; j'avois prévu votre difficulté.

Vous m'avez prévenu lorsque j'allois

y répondre, en établissant encore deux principes qui peuvent servir de clef pour l'explication de tous les phénomenes.

Quatrieme principe. Le Créateur ne peut agir que sagement. Or, dans le plan que sa sagesse a conçu de nos corps & de ceux des animaux, il n'entroit pas seulement de leur donner une existence de quelques momens, mais de les faire subsister un certain temps.

Il a fallu, pour cet effet, en les organisant, ménager entre eux & les autres êtres, des rapports & des différences; des rapports qui contribuassent, en les rapprochant, à leur conservation, & des différences qui les garantissent de leur destruction en les écartant.

Ce sont-là, si vous voulez, des qualités occultes, mais qui ne sont pas chimériques : tout l'Univers en prouve la réalité. Pourquoi les eaux descendent-elles des montagnes sans y remonter, & que les astres roulent autour de la terre sans y descendre ? Pourquoi le lierre cherche-t-il l'appui du chêne, & la vigne celui de l'ormeau ? Pourquoi le mercure s'unit-il plutôt à l'or que le fer; & le fer à l'aimant plutôt que le bois, & que le bois comme l'aimant ne se tourne pas vers le pôle ? Mettrez-vous des ames dans chacun de ces corps, pour en régler les déterminations ? Non sans doute ; mais le Créateur, pour lier toutes les parties du monde & les conserver, les a partagées des propriétés secretes qui les unissent ou les séparent selon leurs besoins.

La vie de l'Univers dépend du mouvement. Son harmonie demande dans ce mouvement de la régularité ; mais la conservation de chaque partie exige dans ses degrés de mouvement, des proportions qui se multiplient à l'infini, parce qu'elles se mesurent sur les besoins des êtres qui sont infiniment variés.

C'est à l'étude de nous-mêmes qu'il

faut à présent nous rappeler. La disposition des ressorts, qui font en divers sens mouvoir nos machines, est si bien entendue, que, toutes les opérations de l'ame suspendue, leur jeu ne continuera que conformément à nos besoins. Un homme se leve la nuit en dormant ; il marche, il court : hé bien ! son corps fera naturellement tous les balancemens nécessaires pour se garantir de la chute ; en sorte qu'il marchera plus sûrement sur le haut d'un toit, au bord d'un précipice, qu'il ne feroit étant éveillé. Pourquoi ? ce n'est que des sages loix établies par le Créateur pour notre conservation, qu'on en peut tirer la raison ; & son industrie dans la structure délicate de nos organes, va même jusqu'à donner à la matiere un air de liberté, & un privilége apparent de choisir, à nos membres. Je sais bien que le libre arbitre n'est que dans l'ame, & qu'une loi suppose la connoissance de deux objets qu'on a comparés ;

mais se porter vers un corps plutôt que vers un autre, ce que j'appellerai du moins l'expression de la liberté, est un effet dans nous purement machinal. Le libre arbitre est enchaîné dans un fou; il l'est dans un petit enfant. Cependant, qu'on présente au premier, s'il a faim, un pain & une pierre; sa main se porte tout d'un coup sur le pain. Que l'autre puisse monter sur une table pour prendre un raisin; il prend une chaise, la traîne, & s'en sert comme d'un degré pour monter. D'où peut venir, dans l'un & dans l'autre, cette justesse de mouvemens, nécessaire pour leurs opérations? Ils n'ont ni liberté ni discernement, de l'aveu de tout le monde; & cependant ils paroissent choisir & raisonner. Il faut, pour expliquer ceci, recourir au cinquieme & dernier principe, qui peut éclaircir cette question & dissiper tous les nuages.

Tout l'Univers est en mouvement: la matiere subtile est dans le monde ce que font les esprits animaux dans nos corps; elle pénetre tout : tout circule, tout végete, tout travaille. Quelle est, je vous prie, la cause de ce mouvement ? Sont-ce les corps qui, par la matiere, ont la vertu de se presser les uns les autres ? C'est au vulgaire qu'il faut laisser un tel préjugé. Nous savons que la matiere peut bien recevoir du mouvement, mais qu'elle est incapable d'en donner. Sont-ce des esprits ? On concevroit plutôt, ce me semble, une distance infinie entre le corps & l'esprit, qu'une action immédiate de l'esprit sur le corps. Mouvoir un corps, c'est créer un mouvement. On ne peut donner l'existence sans donner le mouvement ou le repos, ni donner le repos ou le mouvement sans donner l'existence dans un de ces deux états; & faire passer de l'un à l'autre, c'est donner successivement l'existence dans l'un & l'autre. Or le droit de créer est inaliénable dans le Créateur : le droit de mouvoir est donc en lui incommunicable ; & cette idée s'accorde parfaitement avec celle de l'immensité divine. Dieu peut-il être présent à tout sans opérer, ou son opération peut-elle être sans efficacité ? Esprit & corps, tout est dans sa main : c'est donc de sa main que part tout mouvement. Ame universelle du monde, il en meut les moindres parties ; & ne fallût-il remuer qu'un atome, toutes les intelligences créées pour cela sont impuissantes ; il faut recourir à la force du Créateur.

Ce principe une fois admis, l'ordre de l'Univers n'est plus une énigme. Où tout est conduit par une intelligence infinie, tout doit porter un caractere d'intelligence. Ainsi, que les satellites de Jupiter observent autour de cette planete une marche réguliere ; qu'une aiguille aimantée se tourne toujours vers le Nord ; que le suc de la terre s'insinue par les fibres des racines pour porter de la nourriture jusque dans la tige des fleurs; que les eaux de l'Océan s'avancent ou reculent dans des temps marqués : tous ces mouvemens font admirables ; mais doivent-ils surprendre ? ils sont l'effet d'une souveraine raison. Un enfant à la mamelle, qui suce le lait & s'en nourrit; un noctambule, qui monte & descend un escalier sans le voir & sans se blesser ; un fou, qui pare avec adresse les coups qu'on lui porte, sont tous trois des mouvemens singuliers qu'on ne peut attribuer à leurs ames, qui sont privées, dans l'enfance, le sommeil & la folie, de connoissance, de réflexion & de liberté. Quelle en est donc la cause, sinon celui qui veille à leur conservation, & met en jeu, pour la procurer, les ressorts dont il les a pourvûs ? Et dans nous-mêmes, que la raison éclaire, il est vrai que notre ame exécute une espece d'empire sur notre corps ; mais ne nous y trompons pas, cet empire n'est pas immédiat, c'est le Créateur qui, placé, pour ainſi dire, entre le corps & l'ame, manie tellement ces deux ſubſtances, qu'à l'occaſion des impreſſions que reçoit l'une, il opere des volontés dans l'autre ; & à l'occaſion des volontés de l'ame, il produit des mouvemens dans le corps. Et ſi la réflexion abſorbe en quelque ſorte toutes les facultés de l'ame, le Créateur alors ſe charge ſeul de la conduite de notre machine : de là cette juſteſſe dans nos mouvemens, & cette adreſſe merveilleuſe dans tout ce que nous faiſons ſans y penſer ; en ſorte que ſi nos ames étoient anéanties, nos machines, ſous la main du Créateur, s'il vouloit les conſerver, pourroient préſenter les mêmes miracles que nous admirons : un danſeur de corde garderoit les mêmes équilibres, Blavet joueroit auſſi bien de la flûte, & Mondonville du violon.

Rapprochons à préſent ces principes ; mais avant d'en faire l'application aux Bêtes, ne pourroit-on pas révoquer en doute, avec raiſon, pluſieurs des opérations qu'on leur attribue ? Ce trait du chat-huant de La Fontaine, n'eſt-ce pas un conte fait à plaiſir ? N'en eſt-il pas de même de l'Hiſtoire prétendue du Milan & de l'Aigle, que M. de Villemont nous a ſi bien traduite de l'Anti-Lucrece ? Ce n'eſt pas le Philoſophe, ſans doute, dans M. de Polignac, c'eſt le Poëte, qui, pour embellir ſon Ouvrage, a fait uſage d'un pareil trait. Quels garans pourroit-on me donner de tant d'autres merveilles qu'on tire d'Auteurs fort ſuſpects ? Ælien eſt trop crédule ; Pline le Naturaliſte eſt un menteur, & Montagne un badin, qui ne prétend que s'amuſer. Mais quand je ne pourrois m'inſcrire en faux contre leurs Recueils, je crois une ame fort inutile pour expliquer les plus étonnantes de ces opérations.

La Comteſſe voyant le Marquis ſur le point d'entrer dans quelques détails, l'interrompit : Cher oncle, dit-elle, voyons si j'ai bien saisi votre idée. Je commence à croire que sans aucune espece d'ame, on pourroit expliquer ce que les animaux font de plus merveilleux; & cela, par le moyen de votre syftême, dont je vais tâcher de mettre sous un seul point de vue toutes les parties.

Les animaux, dites-vous, ne sont que des machines, mais formées avec une industrie admirable, & dans une prodigieuse variété. Ces machines sont tellement montées, que les impressions qu'elles reçoivent du dehors, ne remuent leurs ressorts au dedans que pour leur donner la situation la plus convenable à leur conservation. Les différens besoins de ces machines occasionnent leurs divers mouvemens; & ces mouvemens sont produits par une action particuliere du Créateur, qui cependant s'est restreint à ne faire usage, pour les conserver, que de l'organisation dont il les a pourvues : cette organisation a été travaillée sur différens plans. Cette différence vient, ou de celle des élémens dans lesquels ces machines doivent être mues, ou de celles des opérations auxquelles elles sont destinées. Ainsi, qu'une araignée terrestre tombe dans l'eau, l'effet de son organisation se borne au mouvement de ses pattes, qui souvent ne suffit pas pour la sauver; au lieu que cette araignée aquatique, dont on a fait depuis peu la découverte, est pourvue d'instrumens propres à lui former, au milieu de l'eau, une espece de cloche dans laquelle elle s'enveloppe d'air pour respirer...... Je ne sais si je m'écarte de l'idée du cher oncle : Point du tout, Madame, lui dit le Marquis; mais vous oubliez l'essentiel.... J'entends, reprit la Comtesse; je vais y venir : ces machines donc, car vous le voyez, cette idée de machines cesse de me trop révolter, n'ont ni mémoire, ni imagination, ni passion, ni liberté ; mais tout le mécanisme qu'exigent dans nous la liberté pour choisir, les passions pour se produire au dehors, l'imagination & la mémoire pour conserver les traces des images; tout ce mécanisme est tellement ménagé dans le cerveau des Bêtes, que si Dieu venoit à produire dans leurs machines par lui-même, ce qu'il ne fait dans nos corps qu'à l'occasion des affections de nos ames, on remarqueroit dans elles les mêmes mouvemens extérieurs que dans nous. Qu'une abeille & un Artisan aient chacun une ouverture à former; l'image du trou est exactement tracée dans le cerveau de l'un & de l'autre. Dieu conduit les mains de l'homme & les pattes de l'insecte. Mais à l'image de l'ouverture, empreinte dans son cerveau, l'Artisan joint la volonté de la boucher : cette volonté manque à l'abeille, & Dieu la supplée. En quoi donc sommes-nous différens des animaux? en quoi leur ressemblons-nous? Ce que nous avons de commun avec eux par l'imagination

& la mémoire, c'est l'impression reçue dans le cerveau ; mais cette impression dans nous va jusqu'à y occasionner des sensations : voilà la différence. Les passions, dans les Bêtes, se bornent au mouvement violent des esprits, & vont dans nous jusqu'au sentiment. L'organe qui sert d'instrument à la liberté, est mis en jeu dans elle comme dans nous ; mais c'est le Créateur, dans les bêtes, qui choisit, au lieu que le choix dans nous est l'effet d'une connoissance réelle des objets que nous avons comparés. J'entends tout cela : mais, cher oncle, pourquoi tant de différences entre les animaux de la même espece ? l'organisation est la même.

- Oui, Madame, lui dit le Marquis, mais la délicatesse de l'organe ne l'est pas. Elle est plus grande dans les uns ; aussi leurs mouvemens sont plus prompts ; ils paroissent montrer plus d'esprit. Elle est moindre dans les autres ; aussi leurs opérations sont plus lentes ; ils marquent de la stupidité : de plus, la différence de leur éducation en met une grande dans leurs mouvemens.

Pourquoi *Badine*, au premier signe que vous lui faites, Madame, se dresse-t-elle sur ses pieds de derriere, présente-t-elle la patte, & danse-t-elle avec grace, & qu'une autre chienne de la même espece ne le fait pas ? cela ne peut venir que des fréquentes déterminations que l'on a données dans l'une de ces machines aux esprits animaux qui forment les muscles & tendent les nerfs destinés pour les mouvemens, tandis que dans l'autre les esprits suivent leurs cours naturels par les passages ordinaires.

Oui, je conçois cela, cher oncle, reprit la Comtesse ; mais, dans une fourmilliere & dans une ruche, l'éducation est la même ; mêmes organes : cependant quelle variété dans les opérations des abeilles & des fourmis ! &, malgré cette variété, quelle harmonie dans leurs mouvemens ! quelle symétrie dans leurs ouvrages ! J'admire ces petits animaux. Comment ! on reconnoît des ames dans ces vilains Sauvages de la Laponie, & on refuse d'en admettre...... Le Marquis ne lui donna pas le temps d'achever. Oh ! Madame, dit-il, si vous donnez des ames aux abeilles, il faut donc leur en donner de plus parfaites que les nôtres. Une ruche alors est une école de talens & de vertus. Prudence, industrie, économie, tempérance, propreté, amour du travail, amour de son semblable, amour du bien public, sagesse dans les loix, grand ordre de police, esprit de société, patience, émulation, constance...... Il n'est point de vertus qu'on n'ait lieu d'admirer dans les abeilles : mais n'est-ce pas les leur ôter toutes, que de vouloir les leur toutes accorder ? Plus on insiste sur leur éloge, & plus on sent la nécessité de recourir à l'action immédiate du Souverain Moteur, dont l'intelligence regle les moindres opérations des fourmis & des abeilles, comme les plus grandes révolutions des Cieux. Ce qui donne quelque éloignement pour ce systême, c'est la crainte apparemment, ou de dégrader le Créateur par la petitesse de ces détails, ou de l'embarrasser par leur nombre. Mais est-ce connoître Dieu, que de supposer en lui, ou un avertissement pour ce qui releve au contraire sa grandeur, ou un embarras qui ne pourroit venir que d'impuissance ? Ce préjugé une fois écarté, quoi de plus simple que de dire que les abeilles ont des organes propres à leurs opérations ; que les fonctions de ces organes sont occasionnées par les circonstances ; que leurs mouvemens sont proportionnés à leurs besoins ; & que les proportions sont immédiatement ménagées par celui qui seul en a la connoissance ? Voilà le dénouement à toutes les difficultés. De tous les traits de sagacité qu'on peut alléguer, un des plus embarrassans est celui de ces deux loups, dont l'un paroît tendre un piége au chien & au Berger, tandis que l'autre s'élance fur le troupeau. Je m'arrête à celui-ci d'autant plus volontiers, qu'un affemblage de mouvemens plus compliqués occafionnera plus d'étendue dans leur explication.

Il faut d'abord écarter de ce fait, fi c'en eft un, tout deffein, toute réflexion, & ne pas fuppofer par le récit même, ce qui précifément eft en queftion. Les feuls mouvemens extérieurs nous font connus; ce n'eft donc que fur eux qu'il s'agit de juger. Un Berger, un chien, des agneaux, & deux loups; voilà les objets qu'il s'agit de fe mettre devant les yeux. Le mécanifme dans tous ces corps eft merveilleux, & n'eft bien connu que de fon Auteur. Les termes d'antipathie, de fympathie & d'inftinct, ne préfentent pas à l'efprit des idées affez nettes pour être employées; mais auffi faut-il avouer que, parmi les fecrets que la Nature tient couverts d'un voile impénétrable, il faut mettre les causes de certaines unions ou séparations de corps dont l'on est témoin, sans en pouvoir tirer d'explication que des trésors de la Toute-puissance. Au reste, si l'art des hommes a été, comme on le sait, jusqu'à former avec du carton, du bois & du fer, des serpens qui siffloient, des lézards qui montoient & descendoient, des têtes qui parloient, des statues de Bergers & de Bergeres qui faisoient un concert d'instrumens & battoient la mesure avec le pied, comme on le voit encore aujourd'hui ; doit-on être si surpris, quand on entend dire que le Tout-puissant a mis dans les organes des loups & des agneaux, des fibres assez délicates pour être promptement ébranlées par les corpuscules qu'ils s'envoient les uns aux autres ; & que l'ébranlement de ces fibres peut déterminer ces machines, les unes à s'avancer contre les autres, & celles-ci à s'éloigner des premieres ? Rien donc d'incompréhensible dans la marche des deux loups vers les agneaux, ni dans la fuite de ceux-ci; mais les agneaux, en fuyant, ou par leurs bêlemens, agitent l'air, dont les ondulations jointes aux corpuscules échappées des loups, mettent en branle une autre machine dont le jeu est admirable. Le chien paroît. Pourquoi ce nouvel automate est-il précipité vers la droite où sont les loups, plutôt que vers la gauche où courent les agneaux? C'est que, dans le plan de son organisation, le Créateur avoit fait entrer, que de telle circonstance résulteroit telle impression sur les esprits du chien; que l'action de ces esprits porteroit sur tels muscles & tels nerfs; & que, de l'ébranlement de ces nerfs & de ces muscles, s'ensuivroient, & les aboiemens qu'on entend, & les évolutions singulieres dont on est témoin. Mais pourquoi cet intérêt que le chien prend pour les agneaux? Il n'en prend pas; &, pour en être convaincu, il suffit de savoir combien il

en

en coute au Berger pour dreſſer un chien à la garde d'un troupeau, & l'on verra que tout ce que le chien paroît faire en faveur des agneaux, n'eſt qu'un effet des reſſorts qu'on a fait mouvoir mille & mille fois, afin que la force de l'habitude les fît jouer de cette maniere dans l'occaſion.

Aux approches du chien, les loups ſe ſéparent. Pourquoi, direz-vous, les deux ne fuient-ils pas enſemble, ou ne fondent-ils pas enſemble ſur leur proie ? Mais pourquoi prêter à l'aveugle, à l'un, un deſſein concerté d'amuſer le chien, pour donner à ſon confrere la facilité de faire ſon coup ? La diverſité de leurs opérations ne peut-elle pas venir des diverſes impreſſions qu'ils reçoivent ? Dans l'un de ces loups, le cours des eſprits eſt ſuſpendu à l'occaſion des aboiemens du chien, qui, portant par le nerf auditif une nouvelle multitude d'eſprits dans ſon cerveau, précipitent leurs cours par les tuyaux de la machine, propres à

D

produire dans elle, d'abord un demi-son, & bientôt une prompte fuite. Rien de plus simple. Le chien poursuit ce premier loup. Mais je serois aussi surpris de le voir reculer, que de voir une aiguille aimantée se tourner vers le Midi. Selon les loix mécaniques établies par le Créateur, l'action des corpuscules du loup sur les esprits du chien, de ces esprits sur son cerveau, de là sur les nerfs, & des nerfs sur toute la machine, doit l'emporter sur les pas du loup avec d'autant plus de promptitude & de fidélité, que cette action devient plus forte à proportion de son progrès sur les mêmes traces. Mais l'autre loup suit sa premiere détermination : il doit la suivre. Plus éloigné du chien, il a dû en être moins ébranlé. L'ébranlement reçu diminue à mesure que le chien s'éloigne, & ne peut par conséquent balancer l'impulsion reçue des agneaux, qui se fortifie à mesure qu'il en approche. Il en saisit un, & l'emporte. Mais pourquoi, tenant sa proie, ne s'arrête-t-il pas pour la dévorer? Le voici: le cours des esprits qui le portoient vers l'agneau, cesse, il est vrai, par la contrariété de ceux qui se hâtent vers l'estomac; mais les traces imprimées dans son cerveau par les cris & les mouvemens du chien, ne sont pas effacées. De là cette nouvelle effusion d'esprits qui transportent sa machine loin de tout ce qui peut nuire à sa conservation. Mais pourquoi tant d'opérations différentes se passent-elles avec cette justesse de mouvemens & dans les momens précis qui conviennent? Ah! je l'avouerai, l'industrie de tant de manœuvres étonnantes est le fruit d'une intelligence infinie, qui seule est capable d'embrasser tant de millions de combinaisons, dont le nombre épouvante notre imagination, mais dont l'effet n'est qu'un jeu pour le Créateur.

Selon cette suite d'idées, je ne vois dans les agneaux, les loups & le chien, que des mouvemens d'automates, qui font mus d'une maniere convenable, mais fans fentir la convenance de leurs mouvemens. A préfent s'offre un nouveau fpectacle. Le Berger s'éveille : fes yeux s'ouvrent ; fes membres font agités ; il fe leve. Dans tout cela, rien encore que de mécanique. Mais il voit le défordre dans fon troupeau, & veut y remédier. Cette volonté n'eft pas dans fon corps. Il apperçoit le loup qui fuit, chargé d'un agneau. Cette fenfation n'appartient pas à la matiere. Il délibere : Prendrai-je ma houlette ? Non, je ne ferois pas à temps. Il s'arme d'un fufil ; & fait qu'en débandant un certain reffort, il fera partir un plomb rapide, qui, felon la direction qu'il donnera à fon coup, ira percer la tête du loup ; il le tue. Le loup eft tué. Il fent le befoin qu'il a de fon chien ; il fait entendre un fifflet : le chien accourt ; fon troupeau fe raffemble. Il compte fes brebis, fe félicite de les retrouver toutes ; il eft bien fûr de n'être pas trompé dans son calcul : à la vue du loup qu'il a tué, il se livre à la joie, sentiment vif, dont aucune partie de son corps n'est susceptible : il porte en triomphe dans son village sa proie, & se flatte d'une récompense. Dans tout ce détail, qui est-ce qui ne remarque pas une foule de réflexions, de sentimens, de raisonnemens, de connoissances, qui prouvent dans ce Berger, outre l'existence de son corps, celle d'une substance spirituelle, qui sert de proportion, éprouve des désirs, combine des mouvemens, choisit des moyens, & connoît leur rapport avec la fin qu'il se propose ?

Ne trouvez-vous pas comme moi, mon cher Mentor, de l'adresse dans le Marquis, à présenter de la sorte une suite d'images pour ménager dans leurs progrès une plus forte impression ? Sans me laisser éblouir par un tel artifice, Monsieur, lui dis-je, trouvez-vous bon que je vous rappelle une de vos maximes ? Les seuls mouvemens extérieurs, disiez-vous, nous sont connus; cette regle, qui doit être suivie à l'égard des loups, ne doit-elle pas l'être à l'égard du Berger? Pourquoi *lui prêter à l'aveugle* des intentions? Il me paroît que vos principes ne vont pas seulement à priver d'ame les Bêtes, mais les hommes; des organes bien disposés, des occasions marquées par les besoins, des habitudes reçues par l'occasion, une action continuelle du Créateur sur nos machines; avec cela, Monsieur, & sans le secours d'une ame, on peut expliquer les opérations des hommes. La parole, qui les distingue des Bêtes, est un signe très-équivoque de pensées: cela entre, puis-je dire comme vous, dans le plan de leur organisation. Pourquoi donc faire intervenir une intelligence subalterne où tout est réellement conduit par la suprême Intelligence?

Je regardois cette difficulté comme embarrassante, même pour le Marquis, lorsque la Comtesse, impatiente d'y répondre : Monsieur, me dit-elle, est-ce sérieusement que vous prétendez faire le parallele de l'Homme avec la Bête ? Comment ! la parole est la seule différence que vous apperceviez entre l'un & l'autre ? Que les muets seroient à plaindre, si votre jugement étoit sans appel ! Et si malheureusement une paralysie venoit à tomber sur toutes nos langues, & que celles des ânes vinssent à se délier, comme celle de l'ânesse de Balaam, ce seroit donc à nous à baisser pavillon devant eux ? Ah ! du moins à la parole vous devriez bien joindre l'écriture, cet art si merveilleux, dont les Bêtes, je pense, n'ont encore fait aucun usage.

Volontiers, Madame, lui dis-je : mais écrire & parler sont des opérations qu'on peut expliquer dans les hommes, sans l'entremise d'une ame ; le souverain Moteur, pour parler le langage de M. votre oncle, les produit. Il n'est pas plus difficile au Créateur de remuer nos langues & nos doigts pour former des sons & tracer des lignes, que de régler la manœuvre d'un chat, qui, pour prendre une souris, s'avance, s'arrête, se tapit, recule, s'élance, & fait mille mouvemens singuliers. Avec l'heureux expédient de M. le Marquis, je suis en droit de douter si les hommes ont des ames : les paroles qu'ils prononcent, & les lettres qu'ils écrivent, sont les ouvrages d'une intelligence, mais d'une intelligence infinie. En prononçant ces derniers mots, je jetai les yeux sur le Marquis.

J'entends, me dit-il, voilà votre objection dans tout son jour : j'en sens toute la force, & je remarque dans les yeux de M. de Villemont le plaisir qu'il goûte d'avance de me voir sans réponse. Je conviens, Monsieur, que la Métaphysique ne m'en fournit pas ; vous le voyez, j'y vais de bonne foi : mais trouvez bon que je vous demande la même franchise, & jugez si les raisonnemens que je vais faire pour détruire le vôtre, ne sont pas sans réplique.

Depuis une heure que nous parlons ici, n'avons-nous fait que prononcer des mots vides de sens, & frapper l'air par des sons ? notre conversation ne consiste-t-elle que dans les mouvemens du poumon & de la trachée artere ? que dans une impulsion de l'air, qui, diversement modifié, ébranle le tympan de nos oreilles, & par des coups dont les contre-coups vont retentir dans le cerveau ? Ne sommes-nous ici que comme des perroquets ou des échos, qui n'articulent des mots ou ne rendent des voix qu'en conséquence de certains ébranlemens reçus & rendus mécaniquement ? Non, Madame, bien loin de nous répéter, nous sommes en contradiction, & parlons tous quatre différemment. Madame a dit que les Bêtes ont des ames sensitives ; Mon-

D v

fieur, qu'elles en ont de raifonnables, comme les nôtres ; vous, Monfieur, que les nôtres font mortelles comme celles des Bêtes : pour moi, j'ai foutenu qu'elles n'en ont point du tout. Pourquoi cette différence de langage ? Ne vient-elle pas de la différence de nos penfées ? Les miennes me font connues : puis-je douter de la réalité des vôtres, puifqu'il m'eft évident qu'elles font différentes ? Or, le principe penfant dans moi, n'eft pas le fouverain Moteur ; il ne peut pas l'être dans vous : s'il l'étoit, vous feriez d'accord. Dieu ne fauroit fe combattre lui-même : ainfi, Monfieur, la parole, que vous regardez comme un figne équivoque de vos penfées, m'en paroît une démonftration. Parler, ce n'eft pas remuer la langue & les levres ; c'eft fe communiquer réciproquement fes penfées par ces canaux matériels établis par le Créateur pour le commerce des efprits unis à des corps. Nous nous parlons, quand, par des gestes, par l'écriture, ou d'autres signes, nous mettons les pensées de nos esprits dans ceux des autres.

Comme j'allois l'interrompre : Permettez, Monsieur, continua-t-il; vous allez m'objecter que peut-être les Bêtes parlent entre elles & s'entendent; mais peut-être, Monsieur, ne s'entendent-elles pas : & ne me suffit-il pas, pour ruiner ce prétendu commerce de pensées dans les animaux, d'expliquer sans ce moyen de toutes leurs opérations, celles qui paroissent le plus l'exiger ? C'est ce qui m'est facile avec les principes établis. Il n'en est pas de même des hommes. Le *peut-être* à leur égard ne sauroit avoir lieu. Ne regarderiez-vous pas comme un trait d'extravagance de dire que *peut-être* les hommes pensent qu'ils parlent & s'entendent *peut-être* ? notre seule conversation là-dessus, si suivie & si variée tout à la fois, ne suffit-elle pas pour confondre la plus étrange opiniâtreté ?

De plus, si les animaux entre eux ont un langage pour se faire part de leurs penſées, comment arrive-t-il que depuis ſix mille ans qu'ils parlent & raiſonnent, ils n'aient encore rien inventé, ni fait la moindre découverte, ni profité d'un ſeul événement pour ſe perfectionner? Avec la force prodigieuſe qu'ont les uns, & l'adreſſe merveilleuſe que marquent les autres, comment n'ont-ils pu, ni forger de nouvelles armes pour ſe défendre, ni convenir d'un ſignal pour ſe rallier, ni joindre enfin les ſecours de l'art à ceux de la nature? L'art eſt le fruit de la réflexion. Je conviens qu'une toile d'araignée eſt un tiſſu admirable; qu'un nid d'hirondelle eſt un chef-d'œuvre d'architecture, que les palais des Rois, en fait de proportion, n'approchent pas du coquillage d'un limaçon. Mais ce limaçon eſt-il l'architecte ou l'inſtrument? L'adreſſe eſt-elle dans l'araignée, & l'intelligence dans l'hirondelle? La perfection même de l'ouvrage ne défend-elle pas d'en faire honneur aux insectes qui les travaillent ? Eh ! de quoi, je vous prie, serviroit aux abeilles de s'entendre, puisque les rayons qu'elles ont fait ou feront jusqu'à la fin du Monde, ne différeront jamais en rien les uns des autres ? Une grande uniformité dans les mouvemens marque, ce me semble, dans les corps mus, une grande justesse de mécanisme ; & une parfaite uniformité marque-t-elle autre chose qu'une perfection de la machine ?

Peu content de cette derniere réflexion : Monsieur, lui dis-je, cette uniformité ne va pas si loin que vous le dites ; je vois au contraire parmi les Bêtes, des opérations presque aussi variées que parmi les hommes. J'ai laissé mon gant dans le jardin : que je fasse un signe à mon chien, il courra dans le parc, & ne reviendra qu'avec mon gant; que je lui présente mon pied, il ira me chercher mes pantoufles. Votre chien, qui cependant est de la même espece, fera-t-il la même chose ?

Non, Monsieur, me répliqua le Marquis ; mais que je fasse un signe à cette pendule, en tirant ce cordon, elle m'apprendra qu'il est cinq heures. Celle qui est dans votre chambre, & qui n'est pas montée, m'apprendra-t-elle la même chose ? Pourquoi ces tilleuls dans cette allée font-ils beaucoup d'ombre, & très-peu dans l'autre ? c'est qu'ici l'on a plié les branches pour former un berceau, & là, qu'on les a taillés en éventails ou en tête d'orangers. Le fer sous le marteau, & la cire dans mes doigts, peuvent prendre différentes formes; il en est de même des Bêtes : ce sont des instrumens travaillés avec un art infini, que le Créateur nous met entre mains, pour que nous en tirions les usages qui nous conviennent. Nous aiguisons le fer pour couper, & nous dressons les chiens pour la chasse ou la garde de nos maisons ; & toutes ces merveilles qu'on leur attribue ne prouvent d'intelligence que dans ceux qui les ont dreſſés, & prouveroient plutôt que ces Bêtes en manquent. Que votre chien n'ait appris à rapporter qu'un gant, ſi vous perdez votre bourſe, vous aurez beau lui faire des ſignes, il ne la rapportera jamais. Demandez-lui vos bottes, en vain lui montrerez-vous votre pied, il n'ira jamais chercher que vos pantouſles : auſſi remarque-t-on dans les mouvemens de ſa machine, non pas l'obéiſſance d'un agent intelligent à des ordres qu'il conçoit, mais une aveugle impétuoſité qui le précipite dans le jardin, qui porte le plus délicat de ſes organes ſur tous les corps qu'il flaire, qui lui fait ſaiſir l'objet que vous lui avez fait voir, ſentir & mordre mille fois, en mettant ſes eſprits dans une grande agitation, & qui le reconduit enfin vers le morceau de pain que vous aviez coutume de lui donner.

Quelle différence entre telles opérations & celles des hommes pour la variété ! Ce seul volume que je vois sur la table de Madame (ce sont, dit-il en l'ouvrant, les Fables de la Fontaine), ne le prouve-t-il pas ? A ne considérer que le matériel du livre, que de réflexions n'a-t-il pas fallu faire pour le conduire au point de perfection où vous le voyez ? Ce papier, qui est si beau, par quelle étonnante métamorphose a-t-on su le tirer de vils lambeaux ramassés au hasard ? Ces caracteres, comment les a-t-on formés? Quelle invention que celle d'une presse ! Ces vignettes, qui couronnent chaque page, par quel art a-t-on pu les tracer avec tant d'ordre ? Ces figures en taille-douce, qui représentent tous les animaux, par quel secret magique aujourd'hui vient-on à bout de parler en quelque sorte aux yeux avec de l'encre & du papier ? Que seroit-ce donc si, du matériel du livre, je passois au grand sens qu'il contient ? Je l'ouvre, & je trouve à chaque page des vérités, qui, cachées avec art sous le voile ingénieux de l'allégorie, m'instruisent en m'amusant ; ces vérités que je reçois dans mon intelligence, une machine, fût-elle un chef-d'œuvre d'industrie, peut-elle en être la source ? Le progrès dans la perfection suppose nécessairement un progrès dans les réflexions. Comment Aristote, à cinquante ans, étoit-il si différent dans ses Ouvrages de ce qu'il l'étoit à quinze, s'il n'a jamais été qu'un automate ? Et ne seroit-il pas moins absurde d'attribuer la formation de l'Univers au concours des atomes, qu'au jeu de quelques ressorts la découverte du carré de l'hypothénuse ? mais cette vérité, qui regne dans les ouvrages des hommes, ne prouve pas seulement qu'ils sont marqués au coin de l'intelligence, mais encore qu'à la réflexion qu'ils ont de plus que les Bêtes, ils ajoutent encore la liberté, nouveau trait distinctif qui caractérise leur prééminence.

La liberté n'est que dans la volonté. Se sentir maître de vouloir ou de ne pas vouloir, d'agir ou de ne pas agir, de suspendre son action ou de la continuer, c'est être libre. Cet empire que les hommes ont réellement sur eux-mêmes, les animaux en ont-ils autre chose que les apparences ? Les uns & les autres ont bien les organes nécessaires pour le mécanisme des passions ; mais le pouvoir d'arrêter les mouvemens de la machine est-il également dans eux ? Un cheval qui galope est arrêté subitement devant un fossé : un chien qui cherche son Maître, de trois chemins qu'il rencontre, prend celui qui convient ; mais est-ce avec connoissance que l'un s'arrête, & par choix que l'autre se décide ? Sommes-nous forcés, par l'évidence, de le croire ? Ne peut-il pas se faire que celui qui a construit le corps du cheval, ait prévu toutes les circonstances dans lesquelles il pouvoit se trouver, l'ait pourvu de tous les ressorts.

propres à le conferver, & faffe réfulter de l'écart des rayons de lumiere devant un précipice, l'ouverture de certains canaux dans le cerveau du cheval, & la tenfion fubite des mufcles capables de l'arrêter? Si cela fe peut, pourquoi ne pas le dire? Et n'exclut-on pas, en le difant, toute liberté?

Toutes les opérations des animaux peuvent être expliquées par ce moyen; celles des hommes peuvent-elles l'être? Vouloir, délibérer, choifir & maîtrifer à fon gré fa volonté, fes vûes & fon choix, dans ce partage chaque homme ne reconnoît-il pas le fien? Ne poffede-t-il pas, jufque dans les fers, le tréfor de la liberté? Entreprendre de prouver que l'homme eft libre, n'eft-ce pas en fournir une preuve? & le refus de l'entreprendre n'en eft-il pas une feconde?

Cet attribut de l'homme brille même dans fes défordres. Ses égaremens font un abus de fa liberté. Cet abus en démontre la réalité. Les digues qu'on oppose à cet abus, font voir la connoissance qu'on en a. Pourquoi des roues, des potences, des chevalets pour détourner les hommes du crime? Mais les menaces des plus grands supplices ne sont-elles pas frivoles, si c'est une impérieuse nécessité qui rend les hommes criminels?

Il est vrai qu'on frappe un chien pour l'empêcher de salir une chambre, & l'on réussit; un regard, un mot suffisent ensuite pour l'en écarter. Mais est-ce volontairement qu'il s'écarte? Est-il maître de rester? Les coups qu'il a reçus la premiere fois étoient accompagnés d'un certain ton de voix, de plusieurs gestes & de plusieurs rayons de lumiere qui réfléchissoient des corps voisins. Du concours de toutes ces actions sur son cerveau, a résulté, par le moyen des esprits, un grand mouvement dans les muscles des cuisses & dans les nerfs des jambes.

Le lendemain, point de coups, mais mêmes gestes, même voix, même rayon lumineux : l'ébranlement dans le cerveau sera moindre, mais la détermination de la machine pour la course n'en sera pas moins sûre, & le surlendemain, la seule impression des rayons suffit encore pour l'écarter moins promptement, la violence de l'impulsion étant diminuée, mais aussi certainement, les loix du mouvement étant invariables.

Et ne croyez pas, M. le Président, ajouta le Marquis, que ce système, en affoiblissant à nos yeux le prix des Bêtes, qu'il réduit à de simples machines, diminue aussi l'idée du Créateur; il l'agrandit au contraire, & l'étend. Quoi de plus admirable en effet que de voir le Tout-puissant se jouer dans les prodiges sans nombre qu'il opere en remuant autour de nous tant de millions d'automates, qui, n'étant tous que matiere, c'est-à-dire, longueur, largeur & profondeur, ne different que par la masse ou le degré de mouvement ! & cependant le Créateur a trouvé dans les tréfors de fa puiffance le fecret de prêter à des machines un air paffionné, & d'organifer la pouffiere avec tant d'art, qu'elle paroît délibérer, fentir, réfléchir & raifonner.

Ce dernier trait d'imagination fournit au Chevalier une nouvelle difficulté. Moins attentif aux raifonnemens du Marquis qu'à l'occafion de le furprendre en défaut : Monfieur, dit-il, il vient de vous échapper un mot qui vous trahit & me donne un beau jeu pour entamer votre fyftême. Les Bêtes, de votre aveu, paroiffent raifonner. Hé bien, fur quoi voulez-vous que nous établiffions nos jugemens, fi ce n'eft pas fur les apparences? Eft-ce pour nous tromper que Dieu nous les préfente? il en eft incapable, vous en conviendrez : cependant, n'eft-ce pas à lui qu'il faut attribuer nos erreurs, fi les fignes de fentiment & de raifon qu'il nous offre dans les animaux font fans réalité?

J'admirois le sang-froid du Marquis. De combien d'erreurs, cher Chevalier, dit-il, nous allons rendre la Divinité responsable, si toutes celles que les apparences occasionnent dans nous, lui doivent être imputées ! Ainsi, quand nous jugeons que les couleurs sont adhérentes aux corps ; que la Terre est en repos, &c. c'est donc Dieu qui nous trompe, puisque toutes les apparences qu'il nous présente sont favorables à ces jugemens ? Mais, qui nous force de les porter ? Pourquoi ne pas les suspendre, ou du moins ne pas s'en défier ? On doit distinguer les vérités éternelles, des connoissances arbitraires ; une loi immuable pour Dieu même, d'une institution purement libre de sa part. Ainsi, Dieu nous tromperoit sans doute, s'il nous portoit à croire que 2 & 2 font 5 ; que la partie est plus grande que le tout dont elle est partie : il répandroit d'un côté des nuages sur une évidence qu'il nous communique de l'autre. Mais, dans les merveilles de la Nature, nous voyons des effets, sans en voir les causes. Elles sont arbitraires ; Dieu nous les cache. En les cachant, bien loin de nous porter à des jugemens faux, ne pouvoit-il pas nous défendre d'en juger ? De simples conjectures, c'est tout ce qu'il nous permet ; les plus vraisemblables doivent être préférées : or, ce n'est point aux sens, mais à la raison de décider de leur vraisemblance.

A la bonne heure, cher oncle, dit la Comtesse, c'est à la raison : mais quoi ! n'accorderez-vous rien au sentiment. Pour moi, je souffre quand je vois souffrir. Un enfant crie, cela m'attendrit. N'est-ce pas le Créateur qui produit en moi ce sentiment de compassion qui m'intéresse pour cet enfant, & me fait juger qu'il a du sentiment ? Qu'on frappe ma chienne, ses cris me touchent : n'est-ce pas en conséquence des loix du Créateur, qui veut m'intéresser pour elle, & me faire juger, par ma sensibilité

bilité qu'elle en a? Si les signes de douleur sont équivoques dans les Bêtes, ils le sont donc dans les Hommes. Le Créateur nous jette donc dans de grandes méprises; & la voix de la Nature n'est plus qu'une voix trompeuse dont il faut sans cesse se défier? La Comtesse, en achevant ces mots d'un air touchant: Pauvre petite! dit-elle en baisant sa chienne, si tu n'as point de sentiment, pourquoi ne saurois-je m'empêcher d'en avoir pour toi?

Cet impromptu de tendresse nous fit rire Villemont & moi, mais d'un ris d'approbation, qui commençoit à flatter la Comtesse, lorsque le Marquis, en Philosophe sévere, avec un sourire ironique...... Amour! Amour! quand tu nous tiens, s'écria-t-il, on peut bien dire: Adieu prudence! Adieu la Philosophie, Madame, si nous ne lui donnons pour guide que notre cœur! Votre réflexion, Madame, me donne lieu d'en faire une moins touchante que la vôtre,

E

mais, si je ne me trompe, plus juste & mieux fondée.

On ne croiroit pas jusqu'où va, par rapport à nous, l'ordre établi dans la Nature. Le Créateur en a rendu l'harmonie analogue en quelque sorte à nos corps. Tout ce qui dérange cet ordre nous blesse, & fait sur nous plus ou moins d'impression, selon que nos rapports avec les corps dérangés sont plus ou moins grands. Vous avez fait abattre, Madame, cette belle avenue qui conduisoit à votre château. Ces arbres, comme de grands cadavres sans vie, sont couchés sur la terre. On ne peut les voir en passant, sans éprouver une certaine émotion qui chagrine. Au bout de cette allée est une statue d'Apollon. Elle est parfaite; on ne la voit jamais qu'avec plaisir : qu'on en abatte le nez, on ne pourroit la voir sans peine. Ce beau tableau du Palais Royal, qui représente Milon pris par les bras dans l'ouverture d'un chêne à demi-fendu,

& dévoré par des loups, on ne peut le regarder sans souffrir : pourquoi ? c'est que, de deux basses montées à l'unisson, qu'on en touche une, l'autre, quoiqu'éloignée, retentit, & rend les mêmes sons. Nos corps sont des instrumens qui suivent, pour se monter, la variété des impressions qu'on leur donne. A la vue de ce malheureux Athlete qui bande tous les ressorts de sa machine pour se tirer d'un si cruel état, les ressorts de la nôtre se montent en conséquence de certaines loix établies pour notre conservation, dont le Créateur s'est réservé le secret : nos fibres dans le cerveau sont ébranlées par l'impétuosité des esprits qui s'y portent, en sorte que la présence réelle de deux loups qui nous poursuivroient, sans rien changer aux mouvemens de notre machine, ne feroient que leur ajouter de nouveaux degrés de violence. Mais remarquez, je vous prie, que la vue de cet infortuné, qui n'est qu'en peinture, fait plus d'impreſſion ſur nous, que tous les ſignes de douleur que peuvent donner des moucherons, des vers, des papillons, des ſerpens, quoiqu'animés, ſelon vous, par une ame ſenſitive. D'où cela vient-il ? du rapport ſans doute infiniment plus grand entre nos organes & ceux d'un homme, quoique peint, qu'il n'eſt entre nos corps & ceux de ces inſectes ou reptiles, que nous écraſons ſans pitié. Auſſi, qu'on choiſiſſe parmi les Bêtes celles dont l'organiſation correſpond plus parfaitement à la nôtre, alors notre ſenſibilité augmente à proportion de la fidélité de cette correſpondance. Otez le rapport, plus de pitié. Mais ſi nos ſentimens de compaſſion pour certains animaux qui paroiſſent ſouffrir, prouvoient qu'ils ont des ames, notre indifférence ou notre joie en en voyant périr tant d'autres, prouveroit donc qu'ils n'en ont pas. De là, quelle confuſion dans votre ſyſtême!

Mais, direz-vous, Dieu nous trompe

donc, si les mêmes signes de douleur, qui ne sont pas équivoques dans les Hommes, le sont dans les Bêtes. Ils le sont aussi dans les Hommes, Madame, continua le Marquis ; tel Mendiant qui ne souffre point, si, par quelque secret, il se fait un teint pâle & livide, & qu'il jette des cris perçans, n'occasionne-t-il pas une certaine impression dans nos cœurs ? C'est le Créateur qui la porte dans nous : cependant nous trompe-t-il, quand il nous affecte ainsi conséquemment à la fourberie des Hommes ? Non, parce que les signes de douleur qu'il donne sont soumis à l'examen de notre raison. Et ne le sont-ils pas dans les Bêtes ?

J'avouerai cependant qu'une des vûes du Créateur dans les sentimens de compassion qu'il produit en nous en faveur des Bêtes, est sans doute de nous intéresser pour la conservation de ces petites machines ; & le moyen le plus simple pour cela, n'étoit-il pas de nous affecter bien ou mal, selon leurs situations, comme le plus sûr pour nous faire remédier aux accidens qui surviennent à nos corps, & de nous faire sentir de la douleur dans la partie affligée? A-t-on une atteinte de goutte? on juge aussi-tôt que la douleur est dans le pied; jugement naturel, dit le P. Malebranche, mais soumis à la raison. Il ne devient faux que quand la raison le ratifie; mais c'est à la réflexion de le rectifier. La douleur paroît dans le pied, mais elle n'en est pas une maniere d'être; & comme on ne raisonneroit pas juste en le concluant du sentiment dont Dieu nous affecte, de même, conclure de la compassion occasionnée dans nous par les cris des animaux, que leurs souffrances sont réelles, c'est déférer aveuglément au témoignage des sens, mais non pas raisonner conséquemment.

Le Marquis alors s'étant arrêté, comme pour attendre quelque réplique, la Comtesse reprit assez vivement la parole: Oh! cher oncle, dit-elle, je commence à m'aguerrir, puisque l'Auteur de la Nature est aussi l'Auteur des sentimens que j'ai pour ma chienne.

L'intérêt que je prends à ce qui la regarde, est donc dans l'ordre : ainsi, machine ou non, je l'aimerai toujours; cependant, je l'avouerai, je vois avec peine qu'elle ne sauroit m'aimer. Quel inconvénient trouvez-vous à lui donner au moins quelque foible sentiment ? Vous avez répondu, j'en conviens, à nos difficultés contre vos machines ; mais ne pourroit-on pas répondre aux vôtres contre un système si naturel ?

Quand on y répondroit, Madame, lui repartit le Marquis, tout ce qu'on pourroit se permettre, seroit au plus de tenir la balance incertaine, entre nos opinions, & d'en abandonner le choix au hasard; & la mienne en ce cas doit être regardée du même œil que les autres. Mais, à cette foule de raisonnemens qui lui servent d'appui, elle joint l'avantage de fournir, contre l'opinion contraire, des difficultés infurmontables. Trois ou quatre fuffiront.

La premiere, c'eſt à vous, Madame, que je la dois : elle eſt reſtée juſqu'ici ſans réponſe ; c'eſt celle que vous avez tirée de l'exemple de ces vers & polypes qui ont multiplié en autant d'animaux vivans & parfaits, qu'on en a fait de portions différentes. Les partiſans des ames ſenſitives doivent être de fort mauvaiſe humeur contre MM. de Beaumont & du Tremblay, à qui l'on doit ces découvertes. Paſſons à la ſeconde difficulté.

Je n'admets que ce que je conçois ; & je ne conçois que deux eſpeces d'êtres : eſprit, & corps. Ces deux idées s'excluent mutuellement. Celle du corps ne peut s'allier avec le ſentiment & la réflexion, qui n'appartiennent qu'à l'eſprit, ni celle de l'eſprit avec l'étendue, qui n'appartient qu'au corps. Vouloir former un troiſieme être qui participe des deux autres, qui ne ſoit que matiere & qui ait des sensations, distinct du corps & mortel, susceptible de connoissance & incapable de réflexion ; c'est s'égarer dans des idées neuves, & bâtir des systèmes sur des chimeres. Raisonner, c'est profiter d'une vérité connue pour passer à la découverte d'une autre. Les partisans de l'ame sensitive font précisément le contraire. Ils partent d'un principe inconnu, & ne font, en en multipliant les conséquences, que multiplier leurs erreurs. En vain se retranchent-ils dans des possibilités fondées sur la Toute-puissance ; des peut-être ne me feront jamais renoncer à ce grand principe, qu'on ne doit rien nier, ni rien affirmer sur une chose dont on n'a pas une idée claire & distincte. Esprit & corps sont les seules substances dont l'idée, dans moi, soit claire & distincte. L'ame sensitive n'est ni pur esprit, puisqu'elle est matérielle ; ni vrai corps, puisqu'elle a des sentimens. Je ne puis donc que chanceler dans les raisonnemens que je hasarderois en l'admettant. Troisieme difficulté.

L'ame des Bêtes sent la douleur; elle est donc malheureuse. Malheureuse! elle est donc coupable. Comment concilier l'idée d'une Justice qui ne punit que le crime, avec les souffrances des animaux qui n'en ont pas commis? Et dans ce cas, l'empire que nous exerçons sur eux n'est-il pas une vraie tyrannie? Comment avons-nous la cruauté de les tourmenter, si nous sommes convaincus que nous les faisons souffrir? A cette difficulté tirée de la Morale, & qu'on peut porter bien loin, j'en dois ajouter une que fournit la Philosophie.

Les Partisans de l'ame sensitive ne lui donnent ni raisonnemens, ni réflexion, ni liberté. Les voilà donc aux prises avec tous les adversaires de mon système.

Comment expliqueront-ils tant d'opérations d'animaux qui paroissent délibérer, réfléchir & raisonner? Ils seront forcés de recourir aux besoins de la machine, à la disposition des organes, à l'action du Créateur. Tout, diront-ils, est déterminé dans les Bêtes ; les occasions d'agir, par leur situation ; la faim, par les besoins ; les moyens, par l'espece de mouvement auquel la machine est propre ; & le mouvement, par l'action d'une intelligence infinie. Hé bien, une ame alors devient inutile : la retrancher, c'est donc ôter une superfluité. La Métaphysique me fournit une cinquieme difficulté.

Oh! pour la Métaphysique, cher Oncle, dit la Comtesse, je vous demande grace. Je crois sans peine que la science qui traite des esprits, n'est pas favorable à l'ame des Bêtes. C'en est donc fait, je me rends, & ne crois plus dans elles que des machines sans intelligence, que j'abandonne à leurs aveugles ressorts. Puisque *Badine* n'est désormais qu'une jolie machine aux yeux de sa maîtresse, je pense que M. de Villemont n'aura pas de peine....... Non, Madame, lui dit le Chevalier, vous avez prononcé l'arrêt; j'y souscris sans peine; ou plutôt, ne pourroit-on pas terminer cette conversation par où M. le Marquis a débuté, en disant que la question des Bêtes sera toujours un mystere pour l'Homme, comme l'Homme en sera toujours un pour lui-même?

Cette réflexion maligne étoit propre à faire évanouir tout le fruit des raisonnemens du Marquis: aussi celui-ci, prompt à la relever: M. le Chevalier, dit-il, ne mettons point du mystere où la raison n'en voit pas. Les principes que j'ai avancés me paroissent certains; si vous pensez autrement, attaquez-les: je suis prêt à les défendre; mais si vous les admettez, ce n'est point une conséquence vague & trompeuse qu'il s'agit d'en tirer; pour moi, voici ce que j'en conclus: Si l'on peut, sans l'entremise d'une ame, expliquer les opérations des Bêtes, & qu'on ne puisse leur en supposer une, sans s'engager dans des difficultés insurmontables, le parti le plus sage est sans doute de les croire sans ame. Premiere conclusion.

Si les Bêtes n'ont point d'ame, & qu'on soit forcé d'en reconnoître dans l'Homme, c'est donc en vain qu'on prétend, ou faire monter les Bêtes au niveau des Hommes, ou faire descendre les Hommes au rang des Bêtes : leurs natures sont différentes, leurs destinées doivent l'être. Seconde conséquence.

Donc on ne peut pas conclure de ce que tout périt dans les Bêtes avec le corps, que la même chose arrive dans les Hommes.

Donc les devoirs que nous impose la croyance de notre immortalité sont réels, indispensables, & non pas des devoirs imaginaires, comme on désireroit se le persuader.

Ces derniers mots, que Villemont ne crut ajouter que pour le piquer, lui furent très-sensibles. Monsieur, reprit-il froidement, je ne cherche pas à me cacher mes devoirs ; je n'en connois pas d'autres que ceux de l'honnête homme, & je crois les remplir. Vous ne donnez pas sans doute dans les foibleſſes de ces dévots imbécilles, qui s'imaginent que le Très-Haut eſt jaloux des hommages de quelques vers de terre tels que nous. Dieu ſe ſuffit à lui-même. Notre culte lui doit être indifférent, & il feroit moins grand à mes yeux, s'il recevoit ou de la gloire de nos hommages, ou du chagrin de leur refus.

Cher Chevalier, lui répliqua le Marquis, de vains ſophiſmes vous font illuſion, & la plupart de ceux qui veulent s'exempter de tout devoir à l'égard de Dieu, en cherchent, comme vous, la diſpenſe dans la haute idée qu'ils s'en forment ; idée fauſſe, & par conſéquent vain prétexte, dont nous ferons, ſi vous le déſirez, le ſujet d'une autre converſation.

La fin de celle-ci, mon cher Mentor, doit être aussi celle d'une aussi longue Lettre, sur laquelle je vous prie de me dire votre sentiment. Mille excuses sur la longueur. Je n'ai pas le temps d'être plus court. J'ai l'honneur d'être, &c.

FIN.

APPROBATION.

J'ai lu, par ordre de Monseigneur le Garde des Sceaux, un manuscrit intitulé : *Ame des Bêtes*, & n'y ai rien trouvé qui doive en empêcher l'impression. A Paris, ce 10 Juillet 1782.

GUIDI.

Le Privilége se trouve aux *Entretiens Philosophiques sur la Religion*.

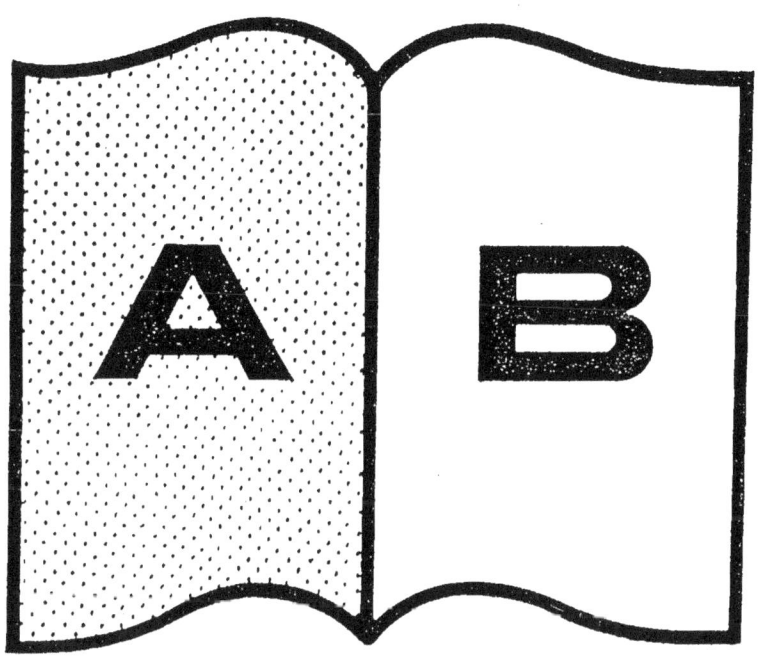

Contraste insuffisant
NF Z 43-120-14

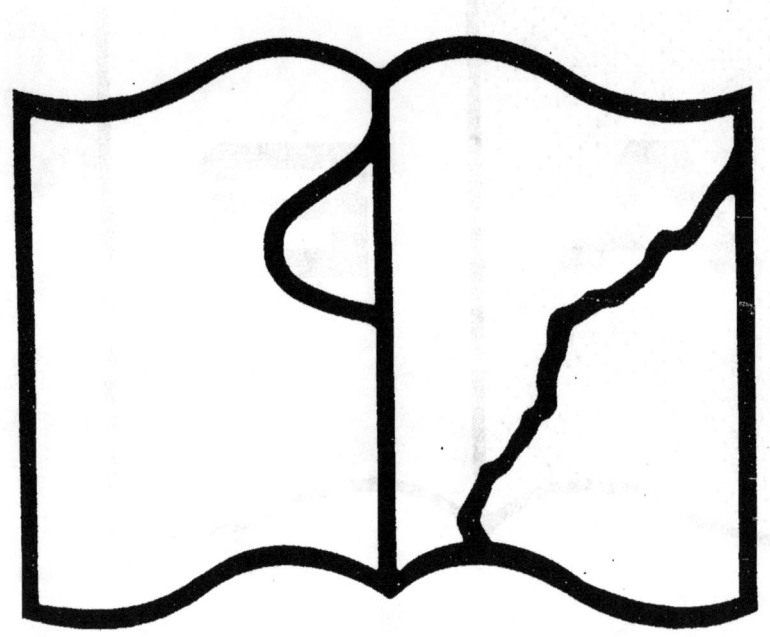

Texte détérioré — reliure défectueuse

NF Z 43-120-11

www.ingramcontent.com/pod-product-compliance
Lightning Source LLC
Chambersburg PA
CBHW060155100426
42744CB00007B/1043